こだわり食感がおいしい

何度でも作りたい
クッキーと焼き菓子

すみれ
Sumire

Introduction

はじめまして。すみれです。

この本を手に取ってくださり、ありがとうございます。

私は現在、『VIOLETTA（ヴィオレッタ）』というオンラインのみのクッキーショップを営んでいます。2020年のオープン以来、これまでに合計10万枚以上のクッキーを焼いてきました。この本では、そんな私の秘密のレシピを公開しています。

私のクッキーのこだわりポイントは、"甘さ控えめで、ザクッとした歯応えのある食感"です。クッキーがお好きな方はもちろん、甘いものが苦手な方にもぜひ一度作ってみてほしいレシピたちです。今回は、それに加えて、私のお気に入りの焼き菓子のレシピもご紹介しています。

クッキー作りの基本となるレシピを集めたので、特に難しい工程もなく、お菓子作りをこれから始める方にも挑戦しやすいレシピなのではないかなと思います。まずはきちんと計量をして、一度レシピ通りに作ってみること。そして、もう少しここを変えたいな、という部分があればお好みでバターや砂糖を"少しだけ"増やしてみたり、粉を減らしてみたり、お気に入りの配合を探してみてください。

ぜひ、気軽に楽しく作っていただけたらと思います。

この本の中から、みなさまのお気に入りのクッキーや焼き菓子が見つかると嬉しいです。

そして、永く愛されるレシピ本になりますように。

すみれ

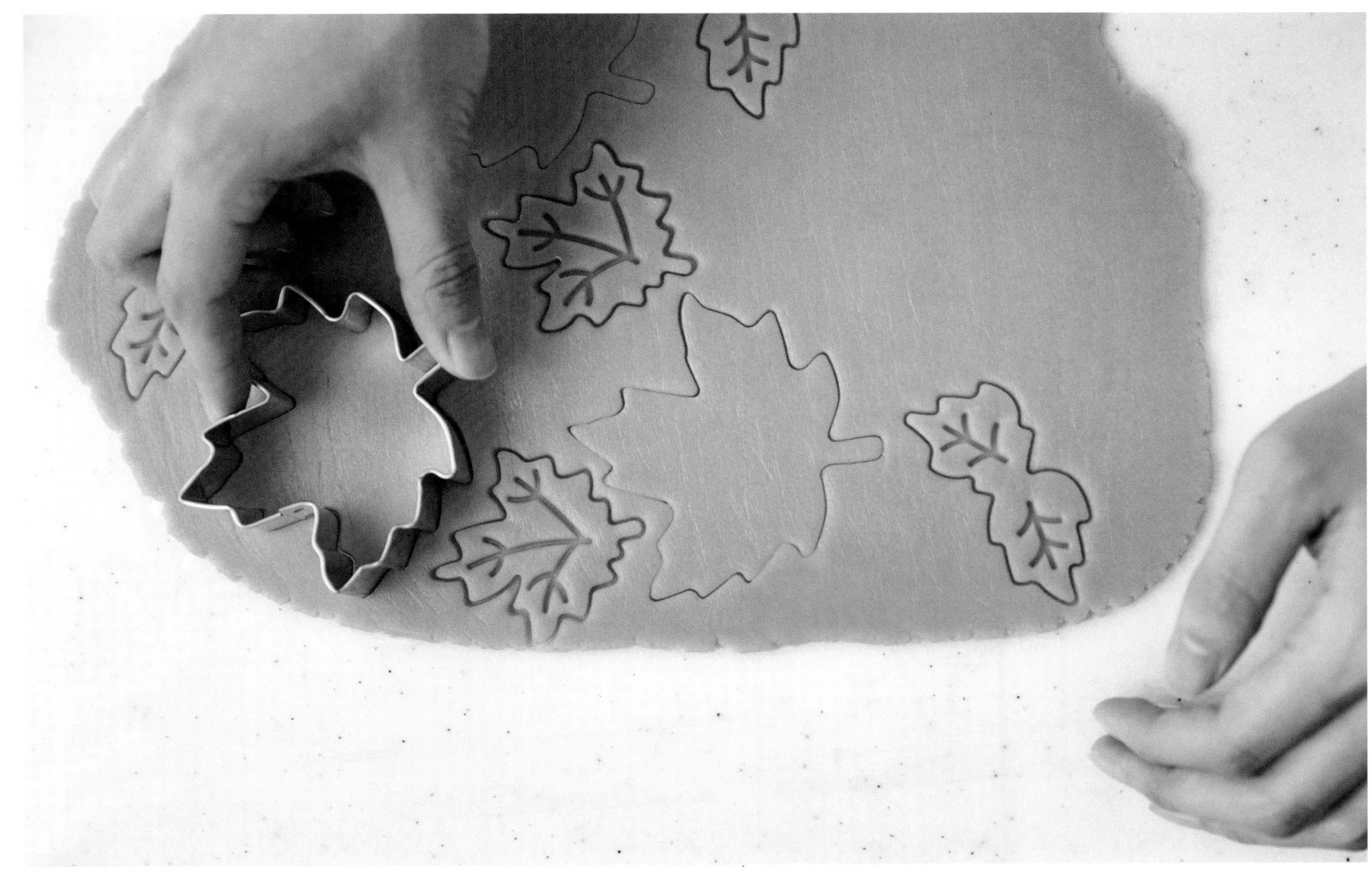

すみれ流

クッキーが 上手に焼ける 3つのポイント

Point 1

卵とバターは必ず常温に戻す

材料をしっかりと混ぜ合わせなければならないお菓子作りでは、卵とバターを常温に戻しておくことが必須です。バターはかたいままだとうまく混ざりませんし、卵も冷たいと他の材料との温度差があってきちんと混ざりません。また、液体まで溶けたバターを使うと空気を含ませることができず、食感が悪くなるので注意しましょう。

Point 2

生地を混ぜるときはしっかり乳化させる

乳化とは、本来は混ざらない油分と水分が均一に混ざり合うことです。お菓子作りでは、バターと卵を混ぜ合わせるときに乳化の過程が発生しますが、うまく乳化せず分離してしまうと失敗の原因に。Point 1の卵とバターの温度はもちろん、「3回に分けて入れる」などの工程では必ずその通りに入れてしっかり乳化させましょう。

Point 3

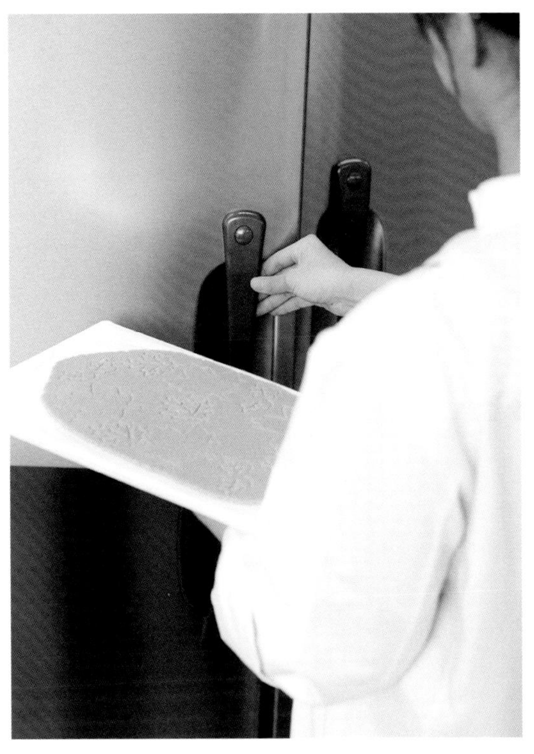

生地は伸ばして型で抜いてから冷やす

この本では、生地を冷蔵庫で寝かせるタイミングを「型抜き後」にしています。そうすることで寝かせてかたくなった生地を伸ばす工程を省くことができるのです。また、スタンプクッキーなどの模様をつけるのは寝かせる前の柔らかい生地の方が◎。そして、冷蔵庫で冷やしてから型で抜いた余分な箇所を取る方が、型の細かい形まできれいに再現できます。

Contents

Part 1
何度でも作りたい基本のクッキー

Part 2
ちょっと贅沢な定番の焼き菓子

［レシピ注意事項］

- 30min は焼き時間の目安で、この場合は「30分」を表しています。
- ★は難易度を示したものです。★☆☆ ★★☆ ★★★ の3段階で表しています。
  ★の数が少ないほど簡単に作ることができます。
- できあがりの枚数は目安です。作りやすい分量にしているので、
  写真より多くまたは少なく記載している場合もあります。
- 材料は基本的にグラム(g)で表示しています。
  きちんと計量し、レシピ通りに作りましょう。
  なお、卵はL玉で全卵約60g、卵黄約20g、卵白約40gが目安です。
  分量を量るときの目安として覚えておきましょう。
- 準備は事前にやっておきたいことをまとめたものです。
- 生地がベタついて伸ばしにくいときは、ラップで挟んで伸ばしましょう。
- オーブンの温度と焼き時間はオーブンレンジを使用したときの目安です。
  機種や熱源によって多少焼き上がりが異なることがあります。
  焼き色を見て調整をしてください。
- 室温は22〜26℃を想定しています。
- レンジは600Wのものを使用しています。
- 使用する主な材料はP89〜91、道具はP92〜93に掲載しています。
  道具はいずれも著者およびスタッフ私物です。

［STAFF］
撮影　奥川純一
スタイリング　小坂 桂
調理アシスタント　三好弥生
デザイン　塙 美奈［ME&MIRACO］
DTP　山本秀一、山本深雪［G-clef］
校正　池田 明美［夢の本棚社］
文・編集協力　須川奈津江
撮影協力　cotta（cotta.jp）／MEETS COOKIE

Part 1
何度でも作りたい基本のクッキー

「VIOLETTA」のクッキー缶に入っているものをはじめ、基本的なクッキーのレシピをご紹介します。ザクッとした食感にこだわった、とっておきのクッキーたち。気に入っていただけると嬉しいです。

no.01

Die-cut cookie
型抜きクッキー

少ない材料で作るシンプルなクッキーです。きび砂糖を使っているので噛むほどに広がる風味とまろやかな甘みが特徴。この生地は、フロランタンやレモンタルトなどでも使用します。

Part 1 何度でも作りたい基本のクッキー

→作り方はP12へ

Die-cut cookies 

型抜きクッキー

25min

●材料 [5cm大のもの28個分]

バター(食塩不使用) 45g
全卵(溶いたもの) 18g
薄力粉 90g
アーモンドパウダー 20g
きび砂糖 55g

●準備

・バターと全卵は常温に戻す[**a**]。
・薄力粉とアーモンドパウダーは合わせてふるっておく[**b**]。…Ⓐ

Point

アーモンドパウダーは粉が粗いので、漉し器(ざる)は、目の粗いものを使うとスムーズにふるうことができます。

●作り方

1. ボウルにバターときび砂糖を入れ、ゴムベラで練り混ぜる[**c**]。
2. 全卵を3回に分けて**1**に加え、そのつどよく混ぜ、乳化させる[**d**]。
3. **2**にⒶを加え、粉っぽさがなくなるまでゴムベラで切るように混ぜる。ゴムベラで一つの塊にまとめて[**e**]、広げたラップの上に移す。
4. めん棒などで3～5㎜の厚さに伸ばし[**f**]、型を押す[**g**]。そのままラップをかけて冷蔵庫で1時間休ませる。

Point

ルーラーをクッキー生地の左右に置いてめん棒で伸ばすと、厚さが均一に仕上がります。薄めのクッキーの場合は3㎜、厚めがお好みの場合は5㎜のルーラーを使うと◎。

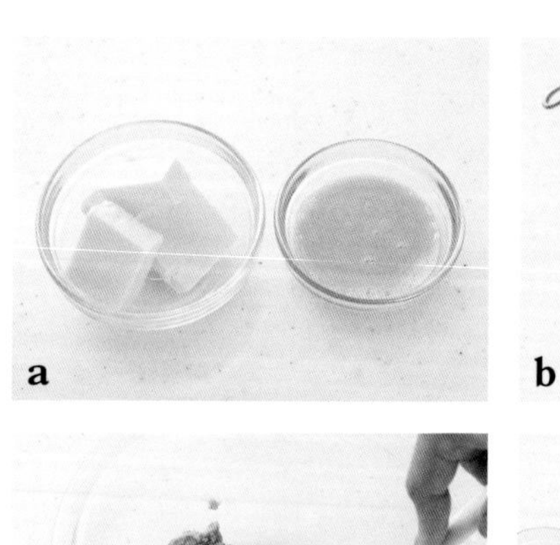

a

b

c

d

5. 型抜きした生地を、オーブン用シートを敷いた天板に1cm以上の間隔をあけてのせ[**h**]、160℃に予熱したオーブンで25分焼く。余った生地は、再度まとめて同じように型を抜いて15分冷やしてから焼く。

Point

きつね色くらいに焼き色がついたら、焼き上がり。生地を厚めの5mmにした場合など、焼き足りないようであれば、2分ずつ追加で焼いてください。

6. 焼き上がったら庫内に置いたまま粗熱を取る。

Point

多少焼きムラがある場合も、庫内に置いておくことで、余熱で均一な仕上がりに近づけることができます。

Column

焼きムラを防ぐには？

クッキーをできるだけムラなく均一な焼き色に仕上げるには、焼いているときにオーブンの扉を開けて庫内を確認すること。焼き色が濃い部分がある場合は、天板の向きや上下を入れ替えることが大切です。地道な確認がきれいな仕上がりにつながります。

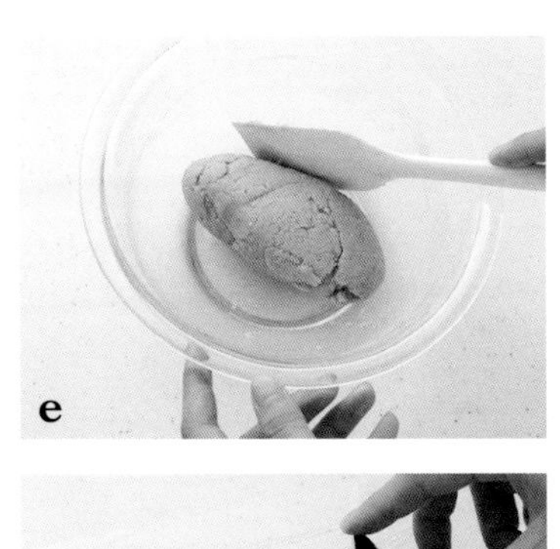
e

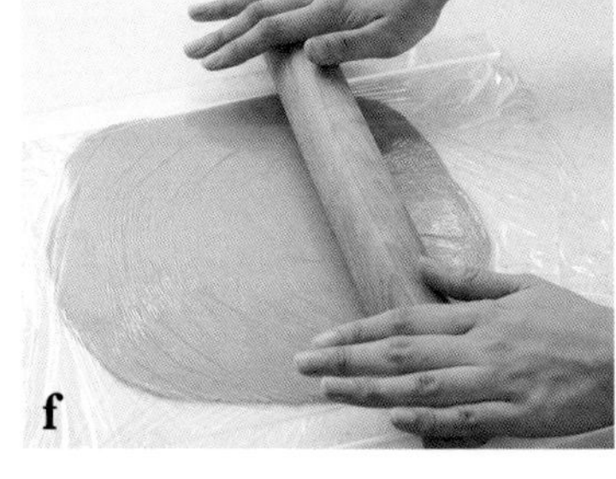
f

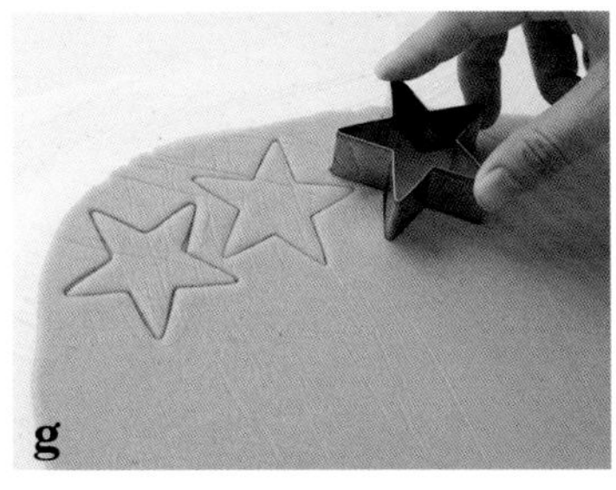
g

h

no.02

Suger cookies
シュガークッキー

Suger cookies 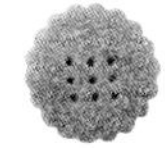

シュガークッキー

生地の表面にグラニュー糖をまぶした、よりスイートなクッキーです。シナモンや抹茶味などのバリエーションも楽しめます。

25min

●材料［3cm大のもの50個分］

バター（食塩不使用） 45g
全卵（溶いたもの） 18g
薄力粉 100g
アーモンドパウダー 10g
きび砂糖 45g
グラニュー糖 適量

●準備

・バターと全卵は常温に戻す。
・薄力粉とアーモンドパウダーは合わせてふるっておく。…Ⓐ

●作り方

1. ボウルにバターときび砂糖を入れ、ゴムベラで練り混ぜる。
2. 全卵を3回に分けて**1**に加え、そのつどよく混ぜ、乳化させる。
3. **2**にⒶを加え、粉っぽさがなくなるまでゴムベラで切るように混ぜる。ゴムベラで一つの塊にまとめて広げたラップの上に移す。
4. めん棒などで3〜5㎜の厚さに伸ばし、型を押す。そのままラップをかけて冷蔵庫で1時間休ませる。
5. グラニュー糖を入れたバットに**4**を並べ、片面にグラニュー糖をまぶす［**a**］。余った生地は、再度まとめて同じように型を押して15分冷やしてから、グラニュー糖をまぶす。
6. オーブン用シートを敷いた天板に1㎝以上の間隔をあけてのせたら、フォークなどで穴をあける［**b**］。
7. 160℃に予熱したオーブンで25分焼く。
8. 焼き上がったら庫内に置いたまま粗熱を取る。

a

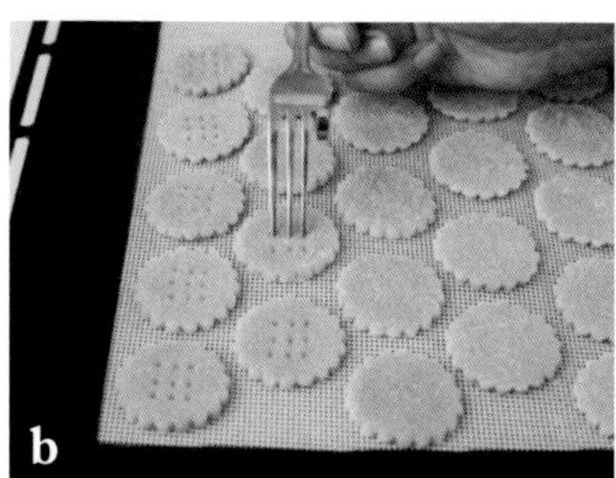
b

Variation

［シナモン＆抹茶のシュガークッキー］

薄力粉100gをシナモンパウダー3g＋薄力粉97g、または抹茶パウダー5g＋薄力粉90gに置き換える。準備するときに合わせてふるっておき、**3**の手順で加える。

no.03

Lemon cookies
レモンクッキー

Lemon cookies

レモンクッキー

型抜きクッキーの生地の上に、レモン風味のさっぱりとした甘さのアイシングを施したクッキーです。レモン汁は、既成品でもかまいませんが、生のレモンを絞るとより風味が良くなります。

25min

●材料［5cm大のもの28個分］

●アイシング

粉糖　100g

レモン汁　16g

ピスタチオ（ローストしたもの）　適量

●クッキー生地

材料と準備はP12の「型抜きクッキー」を参照。

●準備

・粉糖はふるっておく。

●作り方

●クッキーを作る

1. P12～13の手順**1**～**5**を参照し、「型抜きクッキー」を作る。

●アイシングを施す

1. ボウルに粉糖とレモン汁を入れる［**a**］。
2. ゴムベラで全体をよく混ぜ合わせ、全体がしっかりと混ざってなめらかになったら［**b**］、型抜きクッキーを直接アイシングにつける。スプーンなどでぬり広げる。
3. アイシングが乾かないうちに、ピスタチオをかける。
4. 密閉容器などに入れ、ふたをして、6時間以上乾燥させる。表面が乾いているように見えていても、触ると中が固まっておらず、崩れてしまうことがあるので、根気よく乾燥させる。

a

b

アイシングの手法

P16 ～ 17 で紹介したアイシングのほかにも、
アイシングのやりかたはいろいろあります。

手法 01

異なるかたさのアイシングを使い分ける

クッキーにアイシングを施すときには、かためのアイシングで縁取りを作り、ゆるめのアイシングで中を塗りつぶすことが多いです。まず、基本のかたさとなるアイシングを作り、そこから取り分けてかたいものとゆるいものを作っていきましょう。

●基本となる材料

粉糖　100g
乾燥卵白　3g
水　16g

●作り方

1. ボウルに粉糖と乾燥卵白、水を入れてゴムベラで全体を混ぜ合わせる。
2. 全体が混ざったらハンドミキサーの高速で5分ほどしっかりと混ぜる［**a**］。

かためのアイシング ▶粉糖を少量足す

縁取り用のアイシングは、角を立てたときに、角の先がお辞儀するくらいが目安です。コルネに入れて絞り出すと、線がはっきりと描けるかたさ［**b**］。

ゆるめのアイシング ▶水を少量足す

塗りつぶし用は、混ぜたあとにすくって垂らした線が5秒ほどで消えるくらいが目安です。コルネに入れて絞り出すと、なめらかで凹凸のないアイシングに仕上がります［**c**］。

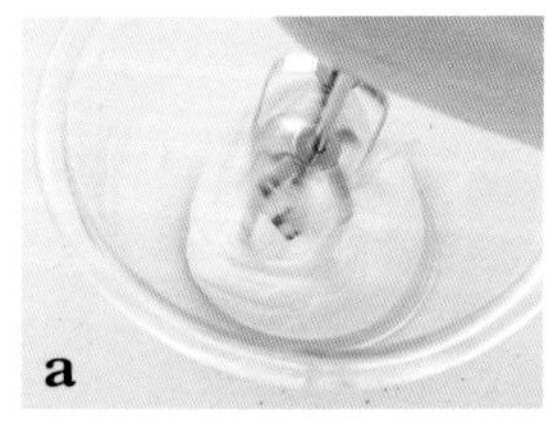
a

b

c

手法 02

アイシングに色をつける

アイシングに色をつけるときは、食紅を使います。
食紅はごくごく少量だと淡い色に、足していくごとに濃い色になるので、少量ずつ入れてください。

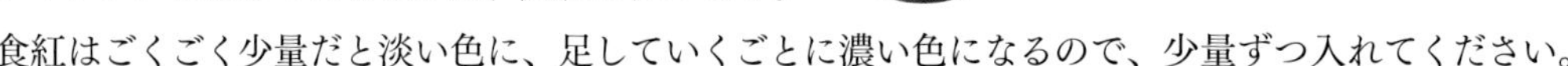

●作り方

1. 使う分のアイシングを分けて取る。爪楊枝の先に食紅を少量つけて、アイシングに加える［**d**］。
2. スプーンなどで全体が均一の色になるように混ぜ合わせる［**e**］。

d

e

コルネを使いこなそう

アイシングの細い線は、コルネと呼ばれる小さな絞り袋に入れて絞り出します。専用のものが製菓店などで販売されていますが、OPP シートやオーブン用シートがあれば、自分で作ることもできます［**f,g**］。コルネの先には、通常の絞り袋のように金型がないので、ある程度しっかりとしたかたさのある素材を使うと、上手に絞り出すことができます。

この本では、アイシングのほかに「テディベアのオートミールクッキー（P48）」で、湯煎したチョコレートを入れてテディベアの顔を描くのにも使用しています［**h**］。

f

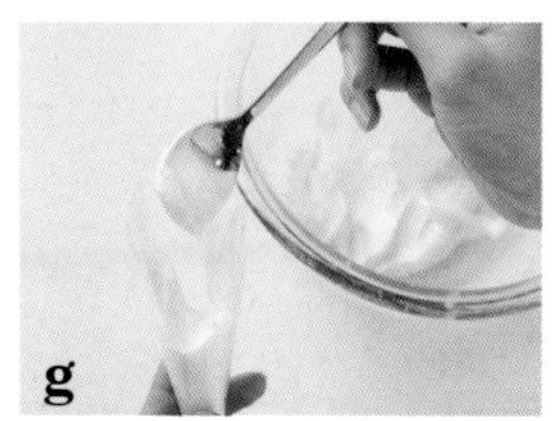
g

h

Memo

余ったアイシング、どうする？

アイシングクリームは、保存することができます。密閉保存容器に入れて乾燥しないようにラップやオーブン用シートで表面を覆い、冷蔵庫で保管してください。保管の目安は、5〜6日ほどです。再び使うときは、しっかり練り混ぜてから使用しましょう。

no.04

Maple cookies
メープルクッキー

Maple cookies

メープルクッキー

メープルシュガーを使った優しい甘さのクッキーです。かえでの形に型抜きすると本格的な見た目に。全粒粉を使っているため、香ばしい仕上がりになります。

25~30min

★

●材料 [3cm大のもの50個分]

バター(食塩不使用) 60g

全卵(溶いたもの) 10g

全粒粉 60g

アーモンドパウダー 20g

メープルシュガー 60g

●準備

- バターと全卵は常温に戻しておく。
- 全粒粉とアーモンドパウダーは合わせてふるっておく。…A

●作り方

1. ボウルにバターとメープルシュガーを入れてゴムベラで練り混ぜ、なじませる。
2. 全卵を3回に分けて**1**に加え、そのつどよく混ぜ、乳化させる。
3. **2**にAを加え、粉っぽさがなくなるまでゴムベラで切るように混ぜる[**a**]。
4. めん棒などで3～5㎜の厚さに伸ばし、型を押す。そのままラップをかけて冷蔵庫で1時間休ませる。
5. **4**の余分な生地を取り除き、オーブン用シートを敷いた天板に1㎝以上の間隔をあけてのせ、160℃に予熱したオーブンで25～30分焼く。余った生地は、再度まとめて同じように型を押して冷やす。
6. 焼き上がったら庫内に置いたまま粗熱を取る。

Point

濃いきつね色になったら、焼き上がり。生地を厚めの5㎜にした場合など、焼き足りないようであれば、5分ずつ追加で焼いてください。

a

no.05

Florentins
フロランタン

Florentins

フロランタン

クッキー生地の上に、キャラメルでコーティングしたアーモンドスライスをのせて焼き上げたフランスのお菓子。サクッとしたあとにねっとりした濃厚な食感が楽しめます。

15+18min

★★★

●材料［9×3cmのもの16本分］

●カラメルアーモンド

生クリーム　50g

グラニュー糖　50g

バター（食塩不使用）　25g

はちみつ　15g

水あめ　10g

アーモンドスライス　80〜100g

●クッキー生地

材料と準備はP12の「型抜きクッキー」を参照。

●作り方

1. P12の手順**1**〜**3**を参照し、「型抜きクッキー」の生地を作る。めん棒で厚さ3㎜、20×27cmの四角いシート状に伸ばし、160℃に予熱したオーブンで15分、薄く焼き色がつくまで焼く。
2. アルミホイルを大きめに広げる。**1**をのせてクッキー生地に沿ってアルミホイルを折りたたみ、高さ1〜2cmの囲みを作る［**a**］。
3. 小鍋にカラメルアーモンドのアーモンドスライス以外のすべての材料を入れ［**b**］、弱めの中火にかけ、混ぜながら煮詰める。
4. ほんのり色づいてきたらアーモンドスライスを加え［**c**］、火を止めて素早く混ぜ合わせる。
5. **2**の生地の上に**4**をまんべんなく広げる［**d**］。このとき、クッキー生地の周囲が1cmくらい残るように広げておく。

Point

周囲を1cm残すことで、カラメルアーモンドがクッキー生地の外に流れてしまうのを防ぎます。

6. オーブン用シートを敷いた天板にアルミホイルごとのせて、180℃に予熱したオーブンで18分、全体がカラメル色になるまで焼く。オーブンから取り出したら上下を返し、熱いうちに食べやすい大きさに切る［**e**］。

a

b

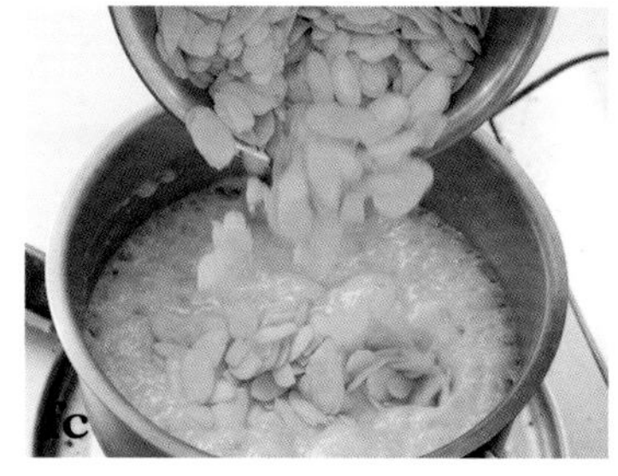

c

d

e

no.06

Squeezed cookies
絞り出しクッキー

プレーン

ココア

Squeezed cookies (plane)

絞り出しクッキー（プレーン）

絞り袋に入れた生地を絞り出して焼くクッキーです。卵は卵白のみを使用しているので味はあっさりめ。生地がかためなので、絞り袋はビニール製よりも布製のものがおすすめです。

40min

★★★

●材料［3.5cm大のもの20個分］

バター（食塩不使用）　90g
卵白　20g
薄力粉　100g
アーモンドパウダー　20g
ドレンチェリー　適量
きび砂糖　50g

●準備

・バターと卵白は常温に戻す。
・薄力粉とアーモンドパウダーは合わせてふるっておく。…Ⓐ
・ドレンチェリーは6～8等分に切り分ける。

●作り方

1. ボウルにバターときび砂糖を入れ、ゴムベラで練るように混ぜる。
2. 卵白を少しずつ**1**に加え、そのつどよく混ぜる。
3. Ⓐを加え、粉っぽさがなくなるまでゴムベラでさっくりと混ぜる。
4. 口金をセットした絞り袋に**3**を詰め、オーブン用シートを敷いた天板の上に2cm以上間隔をあけて、小さく円を描くように絞る［**a**］。
5. ドレンチェリーをのせたら［**b**］、**150℃**に予熱したオーブンで40分焼く。
6. 焼き上がったら庫内に置いたまま粗熱を取る。

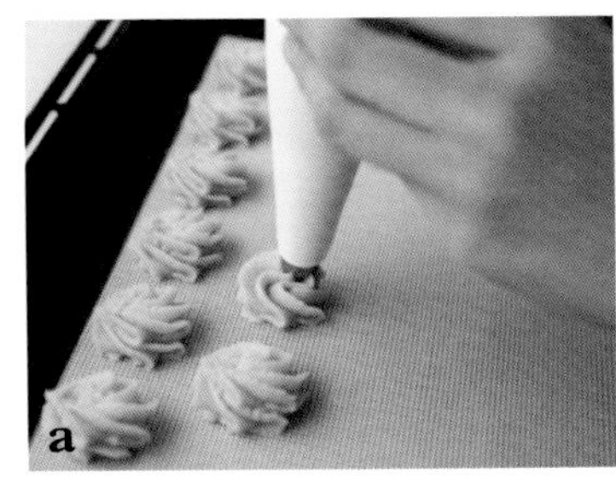

a

b

Squeezed cookies (cocoa) 

絞り出しクッキー（ココア）

ココアパウダーを使った絞り出しクッキーです。ピスタチオダイスを飾りに使いましたが、ドレンチェリーをのせてもおいしいです。

40min

★★☆

●材料［3.5cm大のもの20個分］

バター（食塩不使用） 90g
卵白 20g
薄力粉 90g
アーモンドパウダー 20g
ココアパウダー 12g
きび砂糖 50g
ピスタチオダイス（生、ローストいずれでも可） 適量

●準備

・バターと卵白は常温に戻す。
・薄力粉、アーモンドパウダー、ココアパウダーは合わせてふるっておくⒶ。

●作り方

1. ボウルにバターときび砂糖を入れ、ゴムベラで練るように混ぜる。
2. 卵白を少しずつ1に加え、そのつどよく混ぜる。
3. 2にⒶを加え、粉っぽさがなくなるまでゴムベラでさっくりと混ぜる。
4. 口金をセットした絞り袋に3を詰め、オーブン用シートを敷いた天板の上に2cm以上間隔をあけて、小さく円を描くように絞る。
5. 中央にピスタチオダイスをまぶす。
6. 150℃に予熱したオーブンで40分焼く。
7. 焼き上がったら庫内に置いたまま粗熱を取る。

Memo

口金の種類

口金には、形状によって丸口金、星口金(花口金)、片目・両目口金などの種類があります。ここでは、星口金6切8号という種類の口金を使いました。“切”というのは切り込みの数で、この場合は6個切り込みがあるという意味。8号はサイズのことです。お好みや作りたい形でいろいろと使い分けてみると楽しいです。

no.07

Meringue cookies
メレンゲクッキー

チョコレート

プレーン

紅茶

ほうじ茶

Meringue cookies (plane)

メレンゲクッキー（プレーン）

卵白と砂糖を泡立てて作るメレンゲ。さっくり軽い食感のお菓子です。オーソドックスなメレンゲのほかに、紅茶、ほうじ茶、チョコレートのメレンゲのレシピもご紹介します。

30~40min

★★☆

●材料［1.5cm大のもの約120個分］

卵白　45g

グラニュー糖①　45g

グラニュー糖②　45g

●準備

- 卵白は直前まで冷蔵庫に入れて冷やしておく。
- メレンゲは油分があると泡立ちにくくなるので、道具はきれいに洗って水分をしっかり拭き取っておく。

●作り方

1. ボウルに卵白とグラニュー糖①を入れ、ハンドミキサーで最初は低速でなじませるようにして混ぜる。なじんできたら高速にして、角がピンと立つくらいまで混ぜる［**a**］。
2. **1**にグラニュー糖②を加え、混ぜ残しがないように全体をゴムベラでさっくりと混ぜる［**b**］。メレンゲがつぶれないように注意。

Point

グラニュー糖は一気に入れると角が立たなくなってしまうので、2回に分けて入れます。

3. 口金をセットした絞り袋に**2**を詰める。オーブン用シートを敷いた天板の上に、5mm以上の間隔をあけながら直径1.5cmの大きさになるように絞る［**c**］。

Point

ここで使用したのは、「星口金12切5号」という種類の口金です。

4. 110℃に予熱したオーブンで30～40分焼き、完全に冷めてからオーブンから取り出す。

Point

熱が残った状態で取り出すとベタベタになってしまうため、注意してください。

a

b

c

Tea meringue cookies

紅茶のメレンゲクッキー

紅茶の茶葉をそのまま生地に入れ、焼き上げました。甘い中にも紅茶の香りと舌触りのするちょっぴり大人のメレンゲクッキーです。

30~40min

★★☆

●材料 [1.5㎝大のもの約120個分]

卵白　45g

グラニュー糖①　45g

グラニュー糖②　45g

紅茶の茶葉　1g

●準備

- 卵白は直前まで冷蔵庫に入れて冷やしておく。
- メレンゲは油分があると泡立ちにくくなるので、道具はきれいに洗って水分をしっかり拭き取っておく。

●作り方

1. ボウルに卵白とグラニュー糖①を入れ、ハンドミキサーで最初は低速でなじませるようにして混ぜる。なじんできたら高速で角がピンと立つくらいまで混ぜる。
2. グラニュー糖②と紅茶の茶葉を加え、混ぜ残しがないように全体をゴムベラでさっくりと混ぜる[d]。メレンゲがつぶれないように注意。
3. 口金をセットした絞り袋に**2**を詰める。オーブン用シートを敷いた天板の上に、5㎜以上の間隔をあけながら直径1.5㎝の大きさになるように絞る。
4. 110℃に予熱したオーブンで30～40分焼き、完全に冷めてからオーブンから取り出す。

d

Memo

茶葉をお菓子に使うときは

紅茶などの茶葉を使用する際はすりこぎなどで細かくしておくと口当たりがよくなり、風味もUPします。また、手軽に作るならティーバッグを開いたものを使うのもおすすめです。

Roasted green tea meringue cookies

ほうじ茶のメレンゲクッキー

ほうじ茶味のメレンゲに隠れているのはホワイトチョコチップ。これを入れることでほうじ茶ラテのような味わいになります。

30~40min

★★

●材料［1.5cm大のもの約120個分］

卵白　40g

グラニュー糖①　40g

グラニュー糖②　30～35g

ほうじ茶パウダー　1g

ホワイトチョコチップ　適量

●準備

・卵白は直前まで冷蔵庫に入れて冷やしておく。

・メレンゲは油分があると泡立ちにくくなるので、道具はきれいに洗って水分をしっかり拭き取っておく。

・グラニュー糖②とほうじ茶パウダーは合わせてふるっておく。…Ⓐ

●作り方

1. ボウルに卵白とグラニュー糖①を入れ、ハンドミキサーで最初は低速でなじませるようにして混ぜる。なじんできたら高速で角がピンと立つくらいまで混ぜる。
2. 1にⒶを加え、混ぜ残しがないように全体をゴムベラでさっくりと、混ぜる［e］。メレンゲがつぶれないように注意。
3. オーブン用シートを敷いた天板の上に、3cm間隔でホワイトチョコチップを並べる。その上に、口金をセットした絞り袋に詰めた2を直径1.5cmの大きさになるように絞る［f］。
4. 110℃に予熱したオーブンで30～40分焼き、完全に冷めてからオーブンから取り出す。

e

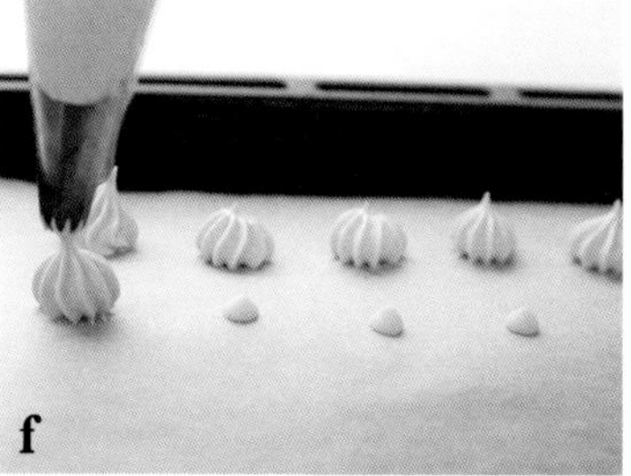

f

Chocolate meringue cookies 

チョコレートのメレンゲクッキー

大ぶりでふわふわさくさくした食感のメレンゲクッキーです。チョコレートを少しずつ加えてマーブルにすることで、食感がよくなります。

1hour

★★☆

●材料 [4cm大のもの約45個分]

卵白　80g
グラニュー糖①　80g
グラニュー糖②　60～70g
ビターチョコレート　50g

●準備

- 卵白は直前まで冷蔵庫に入れて冷やしておく。
- メレンゲは油分があると泡立ちにくくなるので、道具はきれいに洗って水分をしっかり拭き取っておく。
- チョコレートは粗く刻んでから50～55℃のお湯で湯煎にかけ、溶かしておく。

●作り方

1. ボウルに卵白とグラニュー糖①を入れ、ハンドミキサーで最初は低速でなじませるようにして混ぜる。なじんできたら高速で角がピンと立つくらいまで混ぜる。
2. **1**にグラニュー糖②を加え、混ぜ残しがないように全体をゴムベラでさっくりと混ぜる。メレンゲがつぶれないように注意。
3. 湯煎したチョコレートをスプーンなどですくい、線を描くように**2**に入れる[**g**]。マーブル模様になるように大きく混ぜる[**h**]。天板を敷いたオーブン用シートの上にスプーン2本を使って4cmの大きさに丸めてのせる[**i**]。この手順を繰り返す。
4. 110℃に予熱したオーブンで1時間焼き、完全に冷めてからオーブンから取り出す。

2cm以上の間隔をあける

2cm　2cm

i

ストロベリー

プレーン

no.08

Snowball cookies
スノーボールクッキー

→作り方はP34へ

Snowball cookies (plane)

スノーボールクッキー（プレーン）

コロコロとしたボール状のクッキーに粉糖をまぶし、まるで雪の玉のように見えるクッキー。「ブールドネージュ」とも呼ばれています。すみれお気に入りの、かため食感のレシピをご紹介します。

20~25min

★★★

●材料［直径2cm大のもの約25個分］

バター(食塩不使用)　40g
薄力粉　40g
アーモンドパウダー　15g
スキムミルク　10g
グラニュー糖　25g
粉糖　適量

Point

上記はザクッとした食感。サクホロがお好みなら薄力粉30g、アーモンドパウダー25gに置き換えます。

●準備

・バターは常温に戻しておく。
・薄力粉、アーモンドパウダー、スキムミルクは合わせてふるっておく。…Ⓐ

●作り方

1. ボウルにバターとグラニュー糖を入れ、ゴムベラでよく練り混ぜる。
2. 1にⒶをすべて加え、ゴムベラで切るようにさっくりと混ぜ合わせる。
3. 粉っぽさがなくなるまで混ぜたら［a］、手で押し付けるようにして一つの塊にする［b］。
4. 3を平らにしてラップで包み［c］、冷蔵庫で30分ほど休ませる。
5. 生地を1つ5gくらいになるように分けて手で丸め［d］、オーブン用シートを敷いた天板に1.5cm以上間隔をあけて並べる。
6. 150℃に予熱したオーブンで20～25分焼く。
7. 完全に冷めたらオーブンから取り出す。粉糖とともにポリ袋などに入れ、袋の口をとじて優しく振り混ぜ、粉糖をまぶす［e］。

a

b

c

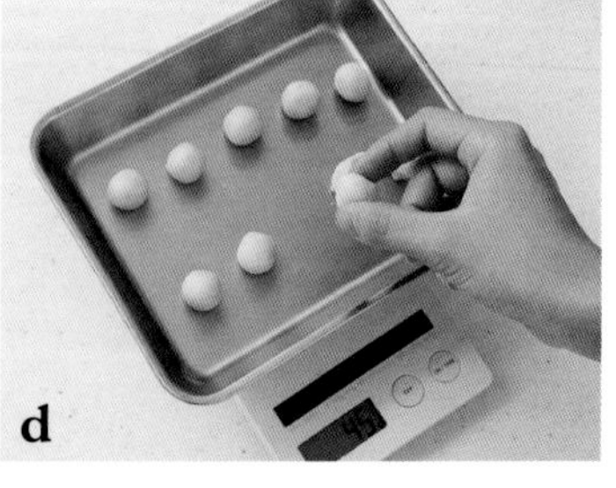
d

e

Snowball cookies (strawberry)

スノーボールクッキー（ストロベリー）

生地にも仕上げにもストロベリーの材料を入れた、フルーティーなクッキーです。グルマンディーズ（野いちごの濃縮果汁）は、ムースやババロアなどを作るときにも使えます。

20~25min

★☆☆

●材料［直径2cm大のもの約20個分］

バター（食塩不使用） 30g
薄力粉 40g
アーモンドパウダー 15g
スキムミルク 12g
グラニュー糖 15g
グルマンディーズ（フレーズ） 5g
粉糖 25g
ストロベリーパウダー 10g

●準備

- バターは常温に戻しておく。
- 薄力粉、アーモンドパウダー、スキムミルクは合わせてふるっておく。…Ⓐ
- 粉糖とストロベリーパウダーは合わせてふるっておく。…Ⓑ

●作り方

1. ボウルにバターとグラニュー糖を入れてゴムベラで練り混ぜながら、グルマンディーズを3回に分けて入れ［**f**］、そのつどよく混ぜる。
2. 1にⒶをすべて加え、ゴムベラで切るようにさっくりと混ぜ合わせる。粉っぽさがなくなるまで混ぜたら、手で押し付けるようにして一つの塊にする。
3. 2を平らにしてラップで包み、冷蔵庫で30分ほど休ませる。
4. 生地を1つ5gくらいになるように分け、手で丸め、オーブン用シートを敷いた天板に1.5cm以上の間隔をあけて並べる。
5. 140℃に予熱したオーブンで20～25分焼く。
6. 完全に冷めたらオーブンから取り出す。Ⓑとともにポリ袋などに入れ、袋の口をとじて優しく振り混ぜ、Ⓑをまぶす。

f

no.09

Diamant cookies
ディアマンクッキー

Diamant cookies 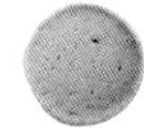

ディアマンクッキー

「ディアマン」とは、フランス語でダイヤモンドのこと。側面にまぶした砂糖がまるでダイヤモンドのようにキラキラとして、華やかなクッキーです。

20~25min

●材料 [3.5㎝大のもの30～35個分]

バター（食塩不使用） 100g
卵黄 20g
薄力粉 100g
アーモンドパウダー 40g
バニラビーンズ ¼本
きび砂糖 60g
グラニュー糖 適量

●準備

・バターと卵黄は常温に戻しておく。
・薄力粉とアーモンドパウダーは合わせてふるっておく。…Ⓐ
・バニラビーンズに切り込みを入れて、中のシードをこそぎ取っておく。

Variation 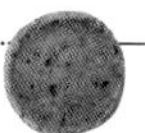

［紅茶のディアマンクッキー］

バニラビーンズを紅茶の茶葉2gに置き換える。**2**の手順で加える。

●作り方

1. ボウルに、バターときび砂糖を入れてゴムベラで練るように混ぜる。
2. 卵黄とバニラビーンズを**1**に加え［**a**］、混ざったらⒶを加え、粉っぽさがなくなるまで混ぜる［**b**］。
3. ゴムベラで一つの塊にしたら、筒状にしてラップで包み冷蔵庫で1時間以上休ませる。

Point

ラップの芯の中を通して成形するときれいな筒状に仕上がります。生地をラップの芯よりやや太めの筒状にまとめてラップに包みますが、ラップの片側を芯の長さより長くして持ち手を作ります。ラップの芯に生地を通し、持ち手を引っ張りゆっくり生地を引き抜くときれいな形になります。

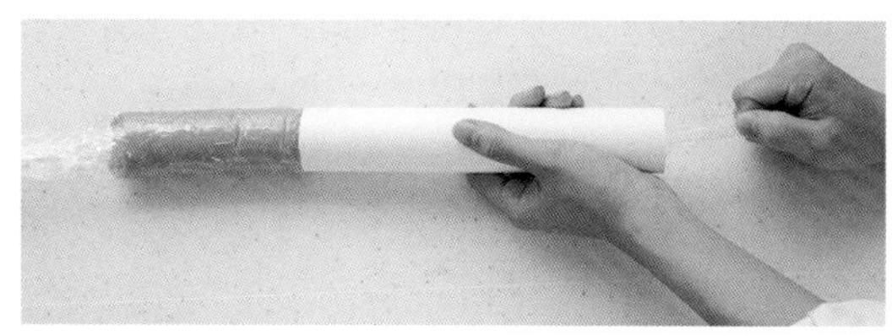

4. バットなどにグラニュー糖を入れ、中でラップを外した**3**を転がしグラニュー糖をまぶす［**c**］。
5. 1㎝くらいの厚さにカットして、オーブン用シートを敷いた天板に3㎝以上の間隔をあけて並べ、160℃に予熱したオーブンで20～25分焼く。
6. 焼き上がったら庫内に置いたまま粗熱を取る。

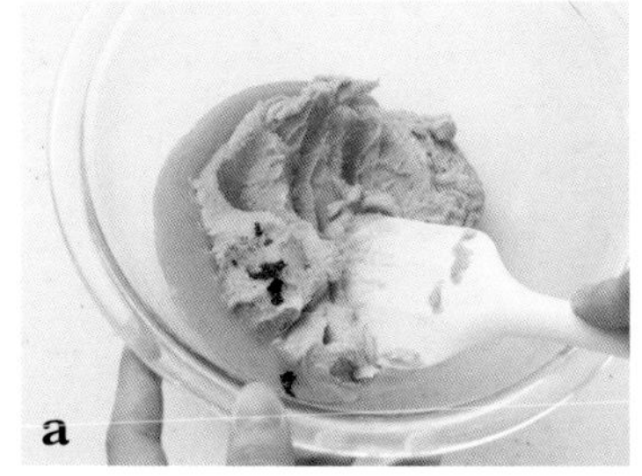
a

b

c

no.10

Galette bretonne

ガレット・ブルトンヌ

Galette bretonne 

ガレット・ブルトンヌ

バターをたっぷり使った厚焼きのサブレで、塩を加えた甘じょっぱい味わいが特徴です。かわいい模様をつけるのに、私はフォークを曲げたもの（P93参照）を使っています。

50~60min

★★☆

●材料［3㎝大のもの30個分］

バター（食塩不使用）　100g
薄力粉　110g
アーモンドパウダー　20g
ベーキングパウダー　1g
きび砂糖　70g
塩　3g
卵黄①　20g
水　5g
卵黄②　20g

●準備

・バターは常温に戻しておく。
・薄力粉、アーモンドパウダー、ベーキングパウダーは合わせてふるっておく。…Ⓐ

●作り方

1. ボウルにバター、きび砂糖、塩を入れてゴムベラで練るように混ぜる。
2. **1**に卵黄①を加えて全体がなじむまでさらに混ぜる。
3. **2**にⒶを加え、粉っぽさがなくなるまでさっくりと混ぜたら、一つの塊にして1㎝の厚さに伸ばす。
4. 型を押したら［**a**］そのままラップをかけて冷蔵庫で1時間休ませる。
5. 余分な生地を取り除いて、水を加えた卵黄②を刷毛でぬり［**b**］、フォークなどで線を描く［**c**］。余った生地は、再度まとめて同じように型を押して冷やしてから焼く。
6. アルミの型に入れ［**d**］、150℃に予熱したオーブンで50～60分焼く。

Point

アルミの型は、アルミカップをクッキー型に添わせ、ひだがなくなるくらいしっかり押し付けながらくるくると回転させて作るのがコツです［**e**］。分厚い生地がダレて広がることを防ぎます。

7. 焼き上がったら庫内に置いたまま粗熱を取る。

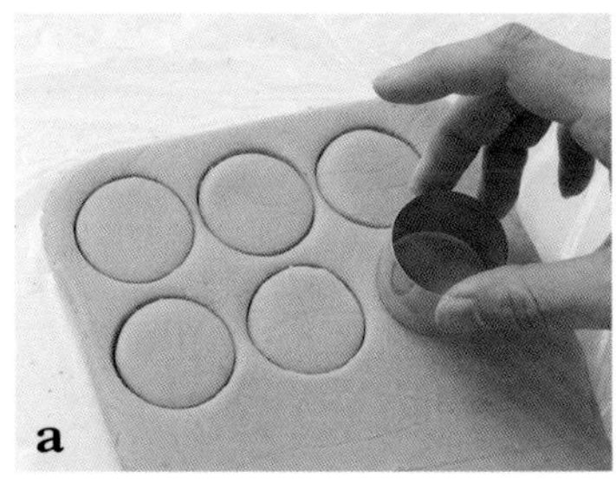
a

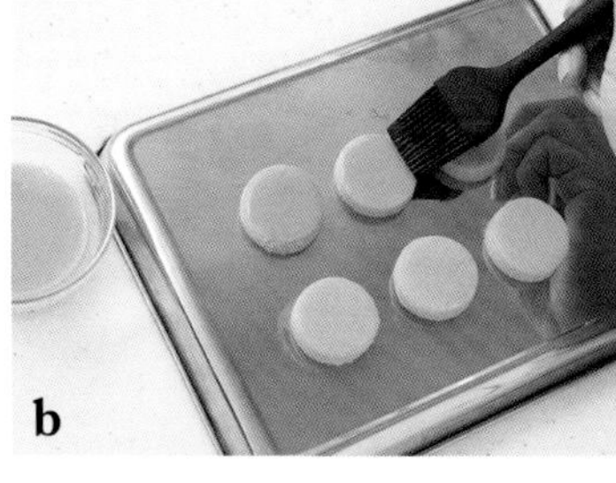
b

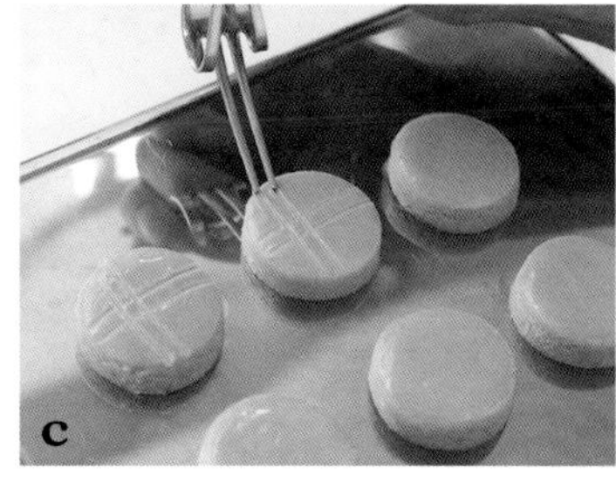
c

d

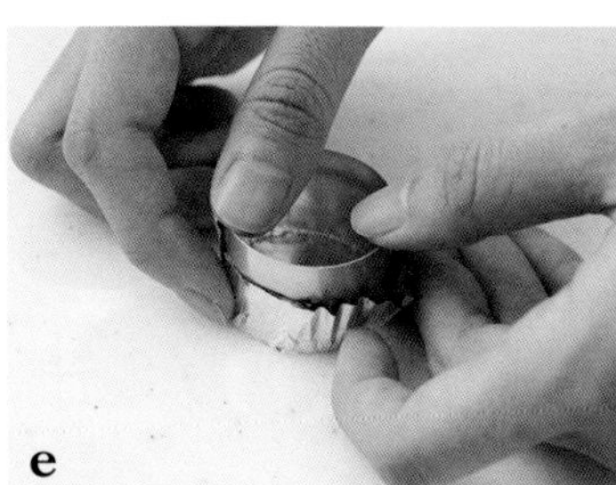
e

no.11

Chocolatechip cookies
チョコチップクッキー

Chocolatechip cookies

チョコチップクッキー

チョコチップを練り込んで焼くクッキー。表面をあえて凸凹にすると、おいしそうな見た目になります。ピーカンナッツが食感のポイントですが、ない場合はチョコチップを100gにしても◎。

35min

★★★

●材料［7cm大のもの12個分］

バター(食塩不使用)　60g
全卵(溶いたもの)　30g
薄力粉　120g
ベーキングパウダー　2g
チョコチップ　60g
ピーカンナッツ　40g
きび砂糖　60g

●準備

・バターと全卵は常温に戻しておく。
・薄力粉とベーキングパウダーは合わせてふるっておく。…Ⓐ
・ピーカンナッツは手で粗く砕く［a］。

●作り方

1. ボウルにバターときび砂糖を入れてゴムベラで練るように混ぜる。
2. 全卵を3回に分けて**1**に加え、そのつどよく混ぜ、乳化させる。
3. **2**にⒶを加え、粉っぽさが少し残るくらいまでさっくりと混ぜたら、チョコチップとピーカンナッツを加え［b］、全体を混ぜる。
4. オーブン用シートを敷いた天板の上に1.5㎝ほどの間隔をあけながら直径7㎝、厚さ5㎜になるように丸く伸ばし［c］、**150℃**に予熱したオーブンで35分焼く。
5. 焼き上がったら庫内に置いたまま粗熱を取る。

a

b

c

no.12

Caramel nuts cookies

キャラメルナッツクッキー

アーモンドのキャラメリゼを砕いて生地に練り込んだクッキーです。アーモンドとキャラメルの香ばしい味わいが特徴。抜き型やルーラーなしでも作ることができるクッキーです。

→作り方はP40へ

Caramel nuts cookies 

キャラメルナッツクッキー

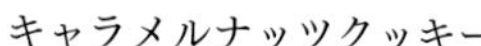

30min

★★

●材料［7㎝大のもの12個分］

●アーモンドのキャラメリゼ

アーモンド　50g

砂糖　60g

水　10g

バター（食塩不使用）　7g

●クッキー生地

バター（食塩不使用）　60g

全卵（溶いたもの）　30g

薄力粉　120g

ベーキングパウダー　2g

きび砂糖　60g

●準備

・バターと卵は常温に戻す。

・薄力粉とベーキングパウダーは合わせてふるっておく。…Ⓐ

・アーモンドは、生のものを使用する場合、オーブン用シートを敷いた天板に並べ、160℃に予熱したオーブンで15分ローストしておく［a］。（素焼きのものを使用する場合はこの工程は不要）

●作り方

●アーモンドのキャラメリゼ

1. 小鍋に砂糖と水を入れて中火にかける。最初は混ぜず、大きな泡が小さくなってきたらアーモンドを加える［b］。ここで焦げないように鍋底から混ぜる。
2. 砂糖が固まり一度結晶化するが、そのまま混ぜながら加熱を続ける。再び砂糖が溶けてキャラメル色になったらバターを加え［c］、完全に混ぜ合わせる。
3. オーブン用シートの上にすばやく広げ、さらにフォークなどでバラバラになるように広げる［d］（あとで刻むので、多少くっついても大丈夫）。
4. 完全に冷めて固まったら、包丁で粗く刻む［e］。

Point

飴の部分の塊は、アーモンドより細かく刻んでおくと食べやすくなります［f］。

●クッキー生地を作る

1. ボウルにバターときび砂糖を入れ、ゴムベラでよく練り混ぜる。
2. 全卵を2回に分けて**1**に加え、そのつどよく混ぜ、乳化させる。
3. **2**にⒶを加える。粉っぽさが少し残るくらいまでゴムベラで切るようにさっくりと混ぜ合わせる。
4. アーモンドのキャラメリゼを加え、全体を混ぜる［**g**］。
5. オーブン用シートを敷いた天板に、2cm以上の間隔をあけながら直径7cm厚さ5mmになるように丸く伸ばし、**150℃**に予熱したオーブンで30分焼く。
6. 焼き上がったら庫内に置いたまま粗熱を取る。

Memo

キャラメリゼの温度

キャラメリゼとは、砂糖を加熱したときに起きる「糖分が酸化した状態」のこと。100℃を超えると砂糖が水に溶けだし、165℃を超えると香ばしい茶褐色になります。アーモンドをキャラメリゼする場合は水分が蒸発して、ドロッとしてくる110℃を目安にアーモンドを入れるとよいでしょう。

c

d

e

f

g

no.13

Short bread

ショートブレッド

抹茶
プレーン

ザクザクほろほろの食感が特徴のシンプルなクッキーです。しっかりと甘みがあるのでコーヒーと一緒に食べるのがおすすめ。

40min

★

●材料［8×3cmのもの20個分］

バター(食塩不使用)　100g
グラニュー糖　70g
薄力粉　140g
塩　1g

●準備

・バターは常温に戻しておく。

Variation

［抹茶のショートブレッド］

材料に、抹茶パウダー6gとスキムミルク8gを加え、2の手順で合わせてふるいながら入れる。

●作り方

1. ボウルにバターとグラニュー糖と塩を入れてゴムベラですり混ぜる。
2. 薄力粉をふるいながら1に加え、ゴムベラで切るように混ぜ、手で一つの塊にする。
3. 厚さ1cmに伸ばして2.5cm幅の長方形にカットしたら、つまようじで表面に均等に穴をあける［a］。ラップをかけて冷蔵庫で1時間休ませる。
4. カットしたところで切り離し、オーブン用シートを敷いた天板の上に2cm以上間隔をあけて並べる。150℃に余熱したオーブンで40分ほど焼く。
5. 焼き上がったら庫内に置いたまま粗熱を取る。

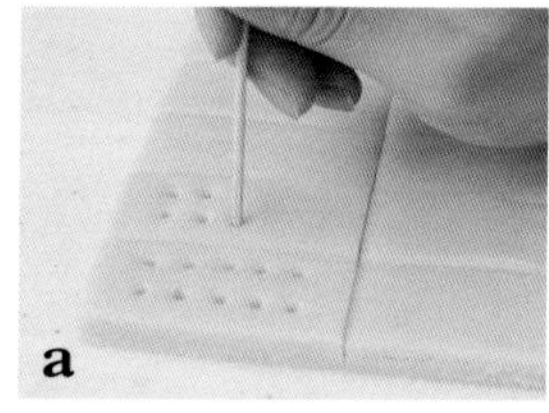
a

no.14

Biscotti
ビスコッティ

ザクザクの食感が特徴のイタリアの焼き菓子。ナッツ類を練り込んだものが多いですが、今回はクランベリーとチョコチップを加えました。

15~20+20min

●材料［1cm幅のもの18個分］

薄力粉　85g
ベーキングパウダー　3g
ココアパウダー　10g
全卵（溶いたもの）　100g
ドライクランベリー　30g
チョコチップ　35g

●準備

・全卵は常温に戻しておく。
・粉類を合わせてふるい、ドライクランベリー、チョコチップとボウルに入れておく。…Ⓐ

●作り方

1. Ⓐに全卵を一気に加え、粉っぽさがなくなるまでゴムベラでさっくりと切るように混ぜる。
2. ゴムベラで一つの塊にして、オーブン用シートを敷いた天板の上に楕円形になるよう形を整える［a］。
3. 180℃に予熱したオーブンで15～20分焼き、一旦取り出す。
4. 粗熱が取れたら1cmの厚さにカットし、再びオーブン用シートを敷いた天板の上に寝かせて並べる［b］。
5. 140℃に予熱したオーブンで10分焼いたら、裏返してさらに10分焼く。
6. 焼き上がったら庫内に置いて粗熱を取る。

a

b

no.15

Teddy bear oatmeal cookies

テディベアのオートミールクッキー

生地に薄力粉ではなくオートミールを使うことで、ザクッとした食感に仕上げたクッキーです。テディベアの形に成形するのが難しければ、お好みの形でOK。

→作り方はP50へ

Teddy bear oatmeal cookies

テディベアのオートミールクッキー

20min

★★☆

●材料［約14匹（個）分］

バター（食塩不使用）　60g

オートミール（クイックオーツ）　200g

きび砂糖　60～80g

水　60g

チョコレート　適量

ホワイトチョコレート　適量

●準備

・バターは電子レンジで加熱し、完全に溶かしておく。

Variation

［ダークブラウンのテディベアクッキー］

チョコチップクッキー（P40）の薄力粉120gを薄力粉100g、ココアパウダー20gに置き換える。準備するときに合わせてふるっておき、3の手順で加える。

●作り方

1. ボウルにオートミールを入れ、手ですりつぶして細かくする［**a**］。
2. **1**にきび砂糖とバターを加えてゴムベラで混ぜ、全体になじませる［**b**］。
3. 水60gを一度に**2**に加え、手で生地を一つの塊にまとめる［**c**］。まとまらない場合は少量ずつ水を足す。

Point

水を入れすぎると、べちょべちょになって成形しづらくなるので少量ずつ足してください。

4. 5㎜の厚さになるようにテディベアの形に成形し、オーブン用シートを敷いた天板の上で3㎝以上の間隔をあけて並べる。160℃に予熱したオーブンで20分焼く。
5. 粗熱が取れたらオーブンから取り出し、完全に冷ます。
6. 50℃のお湯で湯煎してとかしたチョコレート、ホワイトチョコレートをそれぞれコルネ（作り方はP19参照）に入れて、テディベアの顔を描く。

a

b

c

no.16

Icebox cookies

アイスボックスクッキー

Icebox cookies

アイスボックスクッキー

生地を筒状に成形し、冷蔵庫で冷やしてから包丁でカットして焼くクッキーです。定番の市松模様をきれいに出すには、コツがあります。

25~30min

★★★

●材料［3cm角のもの50枚分］

●プレーン生地

バター（食塩不使用）　25g

全卵（溶いたもの）　12g

薄力粉　45g

アーモンドパウダー　5g

きび砂糖　25g

●ココア生地

バター（食塩不使用）　50g

全卵（溶いたもの）　23g

薄力粉　75g

アーモンドパウダー　10g

ココアパウダー　15g

きび砂糖　50g

※工程の写真は倍量で作っています。

●準備

・バターと全卵は常温に戻しておく。

・薄力粉、アーモンドパウダー、（ココア生地はココアパウダーも）は合わせてふるっておく。…A

a

●作り方

Point

プレーン生地、ココア生地は工程がほとんど同じなので並行して作るとよいでしょう。

●プレーン生地を作る

1. ボウルにバターときび砂糖を入れ、ゴムベラでよく練り混ぜる。
2. 全卵を3回に分けて**1**に加え、そのつどよく混ぜ、乳化させる。
3. **2**にAを加え、粉っぽさがなくなるまでゴムベラで切るように混ぜる。一つの塊にしてから厚さ12mm、長さと幅は25×2.5cmを目安に伸ばし、冷蔵庫で1時間休ませる。

Point

このとき、厚さ12mmのプレーン生地・ココア生地と3～4mmのココア生地の長さを揃えておくと、無駄がなくきれいに仕上がります［**a**］。

●ココア生地を作る

1. ボウルにバターときび砂糖を入れ、ゴムベラでよくすり混ぜる。
2. 全卵を3回に分けて**1**に加え、そのつどよく混ぜ、乳化させる。
3. **2**にAを加え、粉っぽさがなくなるまでゴムベラで切るように混ぜる。生地の半分は厚さ12mm、長さと幅は25×2.5cmを目安に伸ばす。残り半分は周囲を囲む用に厚さ3～4mm、長さと幅は25×10cmを目安にシート状に伸ばし、冷蔵庫で1時間休ませる。

●クッキー生地を成形する

1. 厚さ12㎜のプレーン生地・ココア生地を冷蔵庫から取り出し、それぞれ12㎜角の棒状になるよう2本ずつ切り出す[b]。
2. オーブン用シートの上で棒状のプレーン生地とココア生地を格子状に組んで、さらにそれを厚さ3～4㎜に伸ばしたココア生地で巻く[c]。厚さ3～4㎜のココア生地(囲む用)は、端をドレッジ(P93)などで切り落としておくと、ぴったりと巻くことができる。また、巻き終わりで余った生地も切り落とす。このとき、オーブン用シートで生地を包みながら巻くのがおすすめ[d]。
3. 再度冷蔵庫に入れ、1時間以上休ませる。
4. 5㎜の厚さにカットして[e]、オーブン用シートを敷いた天板に1㎝以上の間隔をあけてのせる。150℃に余熱したオーブンで25～30分焼く。
5. 焼き上がったら庫内に置いたまま粗熱を取る。

Memo

アイスボックスクッキーとは？

アイスボックスクッキーは棒状に伸ばした生地を冷蔵庫で冷やし、スライスして焼くものを指します。ここで紹介した市松模様のクッキーのほか、P36のディアマンクッキーもアイスボックスクッキーの一種です。

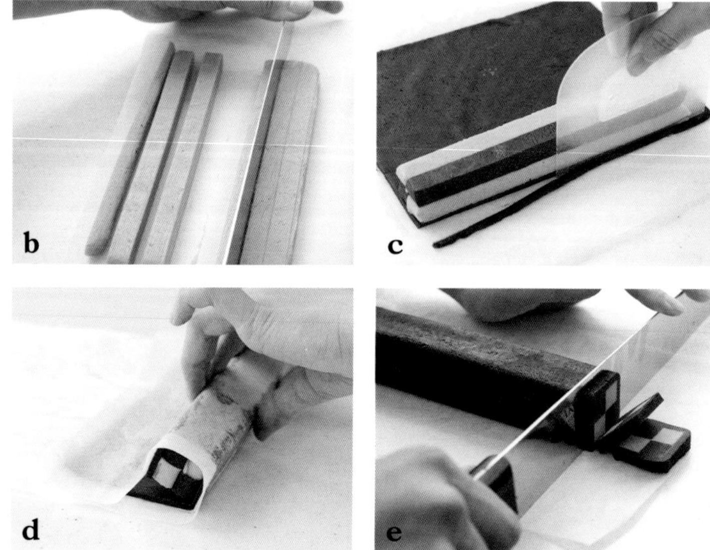
b c d e

Column すみれ流クッキー缶の詰め方

缶の中にきれいにクッキーを詰めるにはコツがあります。
私のお店「VIOLETTA」で販売している
12㎝角の缶でポイントをご説明します。

1 メインのクッキーを決める

まず、クッキー缶の主役となるクッキーを決めます。大きめの型抜きクッキー(P10)や、テディベアのオートミールクッキー(P48)など缶の⅓より大きく、存在感のあるものを選ぶとバランスがよいです。

2 サブのクッキーを決める

メインより小さいサブのクッキーを決めて詰めていきます。アイスボックスクッキー(P52)などの四角いクッキーは、角に配置するといいでしょう。レモンクッキー(P16)やストロベリーのスノーボールクッキー(P33)などで色味を足すのも◎。

3 さらに小さなクッキーで隙間を埋める

サブのクッキーを入れてできた隙間を、メレンゲクッキー(P28)など小さなクッキーで埋めると安定します。型抜きクッキーを小さく焼いたものを入れても◎。市販の金平糖を入れるのもおすすめです。

4 季節感を意識してみる

冬はチョコレート系を多めにする、クリスマスシーズンは白い色合いを意識してみる、バレンタインシーズンはハートの形のクッキーを入れる……など季節感に応じて中身を変更するのも楽しいです。

Part 2
ちょっと贅沢な定番の焼き菓子

私が高校生のころから作り続けているお気に入りのケーキなど、定番の焼き菓子を集めました。素材の味を感じられるよう、素材にこだわったちょっぴり贅沢なレシピは、一度覚えたら一生ものです。

no.17

Lemon tarte

レモンタルト

生のレモンの皮と果汁をたっぷり使い、さわやかに仕上げました。タルト生地は型抜きクッキーのレシピで作ります。タルトの中でも不動の人気を誇ります。

→作り方はP60へ

Lemon tarte

レモンタルト

30~35min

★★★

●材料［直径18cmのタルト型1個分］

●タルト生地

材料と準備はP12の「型抜きクッキー」を参照。

●レモンカード

レモン汁　60g

レモンの皮（すりおろしたもの）　1個分

全卵（溶いたもの）　60g

バター（食塩不使用）　120g

グラニュー糖　40g

●イタリアンメレンゲ

卵白　60g

グラニュー糖①　30g

グラニュー糖②　60g

水　15g

●準備

・カセットボンベにトーチバーナーをセットする。

●作り方

●タルト生地を作る

1. P12の**1**～**3**を参照し、型抜きクッキーの生地を作る。生地は厚さ5㎜に伸ばし、冷蔵庫で1時間休ませる。
2. タルト型に**1**の生地を敷き、型にしっかりと密着させたら、フォークなどで数か所穴をあける。ラップをかけ、冷蔵庫で1時間休ませる。
3. 生地の上にクッキングシートを敷き、重石（タルトストーン、生米など）をのせて**150℃**に予熱したオーブンで30～35分焼き、冷ましておく［**a**］。

Point

このように、タルトやパイの中身を詰める前に、生地だけを器状に焼いておくことを、「空焼き（からやき）」といいます。

●レモンカードを作る

1. フライパンにボウルの下⅓が浸かるほどの湯を沸かし、沸騰直前に火を止め、布巾を1枚中に入れる［**b**］。

Point

布巾を入れることで、火にかけたとき、生地に直接熱が伝わるのを防ぐことができます。

2. **1**のフライパンを弱めの中火にかける。ボウルにレモンの皮以外のレモンカードの材料をすべて入れ、フライパンの中で湯煎にかけ、ゴムベラで全体をよく混ぜる［**c**］。
3. もったりとしてツヤが出たらざるで漉し、レモンの皮を加えて混ぜ合わせる。熱いうちにタルト生地に流し込み、落としラップをして冷蔵庫で2時間以上冷やし固める。

a

b

c

●イタリアンメレンゲを作る

1. ボウルに卵白とグラニュー糖①を入れて、ハンドミキサーでピンと角が立つまで高速で泡立てる。
2. 小鍋にグラニュー糖②と水を入れ、118℃になるまで加熱する。シロップに色がつかないよう時々小鍋を返して全体を混ぜる（ヘラなどでぐるぐると混ぜないこと）。

Point

シロップの温度は必ず118℃になるように温度計で測りましょう。シロップは110℃を超えると粘りが出てきて、118℃前後で泡の大きさが均一になるので目安にすると◎。

3. 1に2を糸をたらすように少しずつ注ぎ入れながら絶えず高速で泡立て、再び角が立つまでしっかりと泡立てる［d］。

●仕上げる

1. レモンカードを流し込んだ生地の上に、イタリアンメレンゲをのせる。ざっくりと山型にしたあと、パレットナイフを寝かせて角を立てる［e］。
2. バーナーで焼き色をつける［f］。

Memo

バーナーの使い方

メレンゲに焼き目を付けるときは弱めの火力で少しずつ炙ると◎。バーナーはタルトタタンの型を外す（P78）で使うほか、クリームブリュレの表面を炙るのにも使えるので、用意しておくと便利です。

d

e

f

no.18

Orange and earl gray pound cake

オレンジとアールグレイのパウンドケーキ

Orange and earl gray pound cake

オレンジとアールグレイのパウンドケーキ

オレンジピールとアールグレイの香りがさわやかなパウンドケーキです。最後にシロップを打つことで、しっとりと香り高い仕上がりに。

45~50min

★★★

●材料［17×9㎝のパウンド型1個分］

●パウンド生地

バター（食塩不使用）　100g

全卵（溶いたもの）　100g

薄力粉（スーパーバイオレットがおすすめ）　80g

アーモンドパウダー　20g

牛乳　20g

アールグレイ茶葉　2g

きび砂糖　80g

オレンジピール　50g

はちみつ　20g

●シロップ

きび砂糖　15g

水　15g

オレンジリキュール　15g

Point

「スーパーバイオレット」はたんぱく量が少なく、軽やかな種類の薄力粉です。パウンドケーキをふんわりと仕上げることができます。

●準備

・バターと全卵は常温に戻しておく。

・薄力粉とアーモンドパウダーはふるっておく。…Ⓐ

・牛乳は沸騰直前まで電子レンジで加熱し、アールグレイ茶葉を入れておく［**a**］。…Ⓑ

●作り方

●パウンド生地を作る

1. ボウルにバターときび砂糖を入れ、ゴムベラで軽くなじませてから、ハンドミキサーで白っぽくふわふわになるまで高速で5分ほど泡立てる。
2. 全卵を少量ずつ**1**に加え、そのつど中速でよく混ぜ、乳化させる［**b**］。
3. Ⓐを加え、ゴムベラで切るように混ぜる。粉っぽさがなくなったら、オレンジピール、はちみつ、Ⓑを加え、全体を混ぜ合わせる［**c**］。
4. パウンド型に**3**を入れ、ゴムベラで表面を平らになるように整えたら、中央を凹ませる。
5. **180℃**に予熱したオーブンの設定を**170℃**にして、45～50分焼く。20分焼いたところでオーブンを一旦開き、ナイフで表面に一直線に切り込みを入れ、再び時間まで加熱を続ける。

●シロップを作り、仕上げる

1. 小鍋にきび砂糖と水を入れ、沸かす。沸いたら、火を止め、オレンジリキュールを加える［**d**］（お好みで再び加熱してアルコールを飛ばしてもよい）。
2. パウンド生地が焼けたら型から外し、熱いうちに全面に刷毛でシロップをぬる。
3. ラップでぴったりと包み、常温で一晩寝かせて味をなじませる。

a

b

c

d

no.19

Weekend citron
ウィークエンドシトロン

フランス生まれのレモン風味のバターケーキ。シロップを打ち、仕上げにグラスアローをまとわせるのが特徴です。私が高校生のころから作り続けているお気に入りのお菓子です。

→作り方はP66へ

Weekend citron

ウィークエンドシトロン

45~50min

★★☆

●材料［27×5.5㎝パウンド型1個分］

●パウンド生地

バター（食塩不使用）　100g

全卵（溶いたもの）　100g

薄力粉（スーパーバイオレットがおすすめ）　80g

アーモンドパウダー　20g

きび砂糖　70g

レモン汁　1個分

はちみつ　20g

●シロップ

きび砂糖　15g

水　15g

ラム酒　15g

●グラスアロー

レモン汁　1個分

粉砂糖　150～170g

ピスタチオダイス（ローストされたもの）　適量

●準備

・バターと全卵は常温に戻しておく。

・薄力粉とアーモンドパウダーは合わせてふるっておく。…Ⓐ

・レモン汁を絞って、茶漉しなどで漉しておく。

●作り方

●パウンド生地を作る

1. ボウルにバターときび砂糖を入れ、ゴムベラで軽くなじませる。ハンドミキサーで白っぽくふわふわになるまで高速で5分ほど泡立てる［**a**］。
2. 全卵を少量ずつ**1**に加え［**b**］、そのつど中速でよく混ぜ、乳化させる。
3. **2**にⒶを加え、ゴムベラで切るように混ぜる［**c**］。粉っぽさがなくなったらはちみつとレモン汁を加え［**d**］、さらに混ぜる。

4. 3をパウンド型に入れ、ゴムベラで表面を平らになるように整えたら、中央を凹ませる[e]。
5. 180℃で予熱したオーブンの設定を170℃にして45〜50分ほど焼く。20分焼いたところでオーブンを一旦開け、ナイフで表面中央に切り込みを入れ[f]、再び時間まで加熱を続ける。

Point

焼き上げるときに表面が割れますが、ここで切り込みを入れておくことによって、きれいな割れ目にできます。

Memo

「ウィークエンド」の名前の由来は？

ウィークエンドは週末、シトロンはミカン科の植物のこと。フランスでは、「週末に大事な人と食べるケーキ」という意味があるそうです。平日に作っておいて、週末に出かける際の手土産やピクニックなどに持っていくことが多いことが、ケーキの名前の由来になっています。

●シロップを作る

1. 小鍋にきび砂糖と水を入れ、沸かす。沸いたら火を止め、ラム酒を加える（お好みで再び加熱してアルコールを飛ばしてもよい）。
2. パウンド生地が焼けたら型から外し、表面が平らになるように切り落とす[g]。熱いうちに全面に刷毛でシロップをぬる[h]。
3. ラップで包み、冷蔵庫で一晩寝かせて味をなじませる。

●グラスアローをぬり、仕上げる

1. ボウルにレモン汁を入れ、粉砂糖を加えてゴムベラで練り混ぜる[i]。
2. バットなどの上に網をのせ、パウンドケーキを裏返して置いてから、1を全体にかける。側面はパレットナイフなどでぬり広げる[j]。

Point

表面が乾く前になるべく手早く作業するのがコツです。乾き始めるとしわが寄ったり、表面が凸凹になる原因に。

3. 上にピスタチオダイスを飾る。

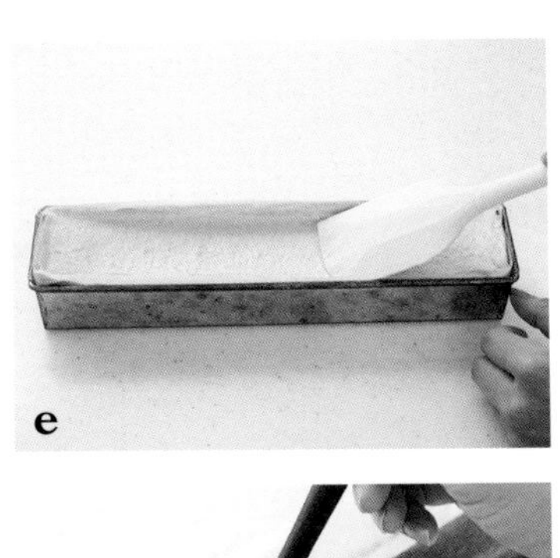
e

f

g

h

i

j

no.20

Carrot muffin

キャロットマフィン

Carrot muffin

キャロットマフィン

生のにんじんをすりおろして作るマフィンです。皮ごとすりおろすので、風味がよく出ます。にんじんが苦手な人にも食べてほしい、おすすめの一品です。

25min

★★☆

●材料［6㎝のマフィン型６個分］

●マフィン生地

全卵（溶いたもの） 100g

薄力粉 110g

ベーキングパウダー 5g

シナモンパウダー 5g

にんじん 1本（正味120g）

きび砂糖 100g

サラダ油 90g

くるみ（ローストされたもの） 50g

●チーズクリーム

クリームチーズ 100g

上白糖 20g

飾り用のナッツ

●準備

・全卵は常温に戻しておく。

・薄力粉、ベーキングパウダー、シナモンパウダーは合わせてふるっておく。…Ⓐ

・にんじんは皮ごとすりおろす［**a**］。

●作り方

●マフィン生地を作る

1. ボウルに全卵ときび砂糖を入れ、ホイッパーでよく混ぜ合わせる。
2. サラダ油を少量ずつ**1**に加え、さらによく混ぜる［**b**］。
3. **2**が完全に混ざったらⒶを加え、ゴムベラで切るようにさっくりと混ぜる。
4. 粉っぽさがなくなったら、にんじんとくるみを加えて全体を混ぜ合わせる［**c**］。
5. グラシンカップ（敷き紙）を敷いたマフィン型の9分目くらいまで**4**を流し入れる［**d**］。上からトントンと落として空気を抜き、180℃に予熱したオーブンで25分焼く。

Point

グラシンカップは、型に合わせて紙を伸ばすときれいに焼き上がります。

6. 焼き上がったらすぐにオーブンから取り出し型から外す。

●チーズクリームを作り、仕上げる

1. ボウルに常温に戻したクリームチーズと上白糖を入れ、ゴムベラで練るように混ぜる。
2. 口金をセットした絞り袋に詰め、マフィンの上に絞り、お好みでナッツをのせる。

a

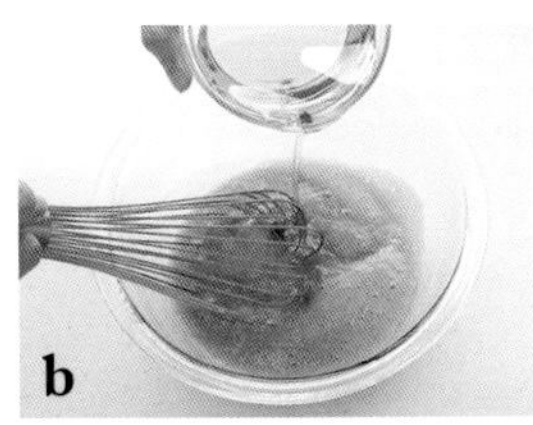

b

c

d

no.21

Caramel banana muffin
キャラメルバナナマフィン

ふわふわの生地としっとりしたバナナが相性抜群のマフィンです。トッピングは、キャラメルソース以外に粉糖を振ってもかわいく仕上がります。完熟のバナナを使うのがおすすめです。

→作り方はP72へ

Caramel banana muffin

キャラメルバナナマフィン

25min

★★★

●材料［6cmのマフィン型6個分］

●マフィン生地

バター（食塩不使用）　35g

全卵（溶いたもの）　50g

薄力粉　120g

ベーキングパウダー　3g

きび砂糖　60g

サラダ油　25g

牛乳　60g

●バナナのキャラメリゼ

上白糖　60g

水　10g

バナナ　2本

●キャラメルソース

生クリーム　60g

上白糖　25g

水　5g

●準備

・バターと全卵は常温に戻しておく。

・薄力粉とベーキングパウダーは合わせてふるっておく。…Ⓐ

●作り方

●バナナのキャラメリゼを作る

1. 小鍋に上白糖と水を入れ、中火にかける。
2. 砂糖が完全に溶けてきつね色になり始めたら弱火にし、時々フライパンを回して鍋の底がこげないようにする。
3. 完全に茶色くなったら火を止め、バナナを手で割り入れて木ベラなどで粗くつぶす［**a**］。粗熱が取れたらラップをかけて冷ます。

●マフィン生地を作る

1. ボウルにバターときび砂糖を入れ、ホイッパーでよく混ぜ合わせる。
2. サラダ油を少量ずつ1に加え、よく混ぜる。全卵を加え、さらによく混ぜる。
3. 2にⒶを加えて、ゴムベラで切るようにさっくりと混ぜる。
4. 粉っぽさがなくなったら、牛乳を2回に分けて加えてよく混ぜる。
5. バナナのキャラメリゼを加え、ゴムベラで軽く混ぜる[b]。

Point

生地にキャラメリゼのマーブル感を残すため、混ぜすぎないようしてください。

6. グラシンカップを敷いたマフィン型の8分目くらいまで入れたら、上からトントンと落として空気を抜き、170℃に予熱したオーブンで25分焼く。

Point

グラシンカップは、型に合わせて紙を伸ばすときれいに焼き上がります。

7. 焼き上がったらすぐにオーブンから取り出し、型から外す。

●キャラメルソースを作り、仕上げる

1. 生クリームを電子レンジで沸騰直前まで温める。

Point

生クリームを温めることで、4の工程で飛び散ることを防ぎます。沸騰させないように10秒ずつ様子を見ながら温めましょう。

2. 小鍋に上白糖と水を入れ、中火にかける。
3. 砂糖が完全に溶けてきつね色になり始めたら、時々フライパンを回して鍋の底がこげないようにする。
4. 完全に茶色くなったら火を止め、すぐに1の生クリームを加える[c]。全体がなじむまでよく混ぜる。
5. マフィンにスプーンで線を描くようにかける。

a

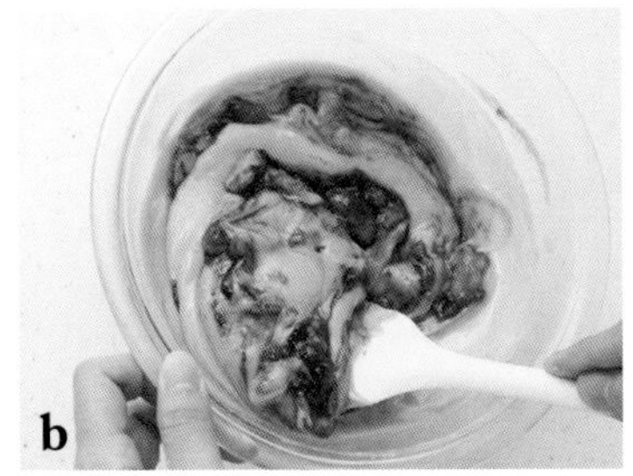
b

c

no.22

Gateau chocolat
ガトーショコラ

Gateau chocolat
ガトーショコラ

「ガトーショコラ」とは、フランス語で「焼いたチョコレート菓子」という意味。甘さ控えめのちょっと大人なチョコレートケーキです。

35min

★★☆

●材料［直径18㎝のケーキ型（6号）1個分］

チョコレート（カカオ58%のもの）　100g
卵黄　60g
卵白　120g
薄力粉　15g
ココアパウダー　50g
グラニュー糖①　50g
グラニュー糖②　100g
生クリーム　70g

●準備

- 卵黄は常温に戻し、卵白は冷蔵庫に入れておく。
- チョコレートとバターは粗く刻み、同じボウルに入れ50～55℃のお湯で湯煎にかけて溶かしておく。…Ⓐ
- 薄力粉とココアパウダーは合わせてふるっておく。…Ⓑ

●作り方

1. ボウルに卵黄とグラニュー糖①を入れ、白っぽくなるまでホイッパーですり混ぜる［**a**］。
2. 生クリームは電子レンジで加熱する。沸騰直前で止められるよう10秒ずつ様子を見ながら温める。
3. Ⓐに生クリームを一気に加え、ゴムベラで混ぜて乳化させる［**b**］。
4. **3**に**1**を加えしっかりと混ぜる［**c**］。
5. **4**にⒷを加えゴムベラで粉っぽさがなくなるまで切るように混ぜる。
6. 別のボウルに卵白とグラニュー糖②を入れ、ハンドミキサーの高速で泡立て、メレンゲを作る。
7. **5**にメレンゲを⅓量加えて全体が均一になるまでゴムベラで混ぜる［**d**］。残りのメレンゲも加え、切るように混ぜ合わせる［**e**］。
8. オーブン用シートを敷いた型に流し、160℃に予熱したオーブンで35分焼く。焼き上がったらオーブンから取り出し、粗熱を取る。型に入れたままラップで包み、冷蔵庫で一晩寝かせる。
9. 型から外し、お好みで粉糖や生クリーム、さくらんぼをデコレーションする。

a

b

c

d

e

no.23

Tarte tatin

タルトタタン

Tarte tatin

タルトタタン

フランスの伝統的な焼き菓子タルトタタン。その名前の由来は、“タタン姉妹”が作ったタルトだからだとか。加熱調理向きの紅玉をたっぷり使って作ります。

20~25+90min

★★★

●材料［直径15㎝のケーキ型（5号）1個分］

りんご（紅玉）　6個

上白糖（きび砂糖でもOK）　150g

水　20g

バター（食塩不使用）　50g

レモン汁　7g

●タルト生地

材料と準備はP12の「型抜きクッキー」を参照。

●準備

・バターは常温に戻しておく。

・りんごは皮をむき、芯をとって8等分のくし型切りにする。皮は捨てずに取っておく。

Point

りんごの皮にはペクチンが含まれており、このペクチンがゼリー化し、タルトタタンをつややかにしてくれます。皮も一緒に煮詰めましょう。

●作り方

1. P12の手順**1**～**3**を参照し、「型抜きクッキー」の生地を作る。めん棒などで3㎜厚さに伸ばし、5号のケーキ型で抜く。160℃に予熱したオーブンで20～25分、全体がきつね色になるまで焼く［**a**］。
2. 浅くて平らなフライパンに上白糖と水を入れ加熱する。ふつふつと煮立ってきても混ぜず、茶色く色づいてきたら火を止めてバターを加える［**b**］。バターが溶けたらりんごとレモン汁を加えて中火にかけ、ここで全体を混ぜる［**c**］。水分が出てきたところで、りんごの皮も加える。そのまま中火を保ち、水分を飛ばしながら20分煮詰める。

Point

さわりすぎるとりんごが崩れるので注意。焦げそうになったときだけ、底を返すように混ぜます。

→P78につづく

a

b

c

Tarte tatin

タルトタタン

3. ある程度水分が飛んだところで弱火にして、皮を取り出す［**d**］。皮は完全に冷めたらお茶パックやガーゼに包んで、煮汁とともにフライパンに加える［**e**］。
4. しっかりと水分が飛んだら、ケーキ型にりんごを放射状に隙間なく並べる。煮汁は隙間に流し入れる［**f**］。特に角に行き渡るようにすると、美しく仕上がる。
5 180℃に予熱したオーブンで90分焼く。

Point

途中、オーブンを開けてあふれそうになっていたらゴムベラなどで上から押さえてください［**g**］。

6. 焼き上がったら、**1**のクッキー生地をのせ、割れないようにそっと押し付ける［**h**］。
7. 庫内に置いたまま粗熱を取り、ラップをかけて冷蔵庫で一晩置く。
8. 型をバーナーであぶり表面を溶かして型からひっくり返して外したら［**i**］、お好みで生クリームやバニラアイスを添える。

Point

バーナーがない場合は、型が浸かる深さの鍋やフライパンにお湯を沸かし、湯煎をしてください。

no.24

Burnt Basque Cheesecake
バスクチーズケーキ

Burnt Basque Cheesecake
バスクチーズケーキ

スペイン北部・バスク地方が発祥のチーズケーキ。表面の黒い焼き目が特徴で、カラメルのようなほろにがさとチーズの豊かな風味を楽しむことができるケーキです。

40min

●材料［直径15cmのケーキ型（5号）1個分］

クリームチーズ　200g
全卵（溶いたもの）　130g
生クリーム　200g
グラニュー糖　90～100g
薄力粉　9g

●準備

・クリームチーズ、卵、生クリームは常温に戻しておく。
・オーブン用シートを型より一回り大きいサイズに切る。一度丸めてしわをつけてから広げ、ぴったりと型に敷く［**a**］。

●作り方

1. ボウルにクリームチーズを入れて、ゴムベラで練るように混ぜる。なめらかになったら、グラニュー糖を加え、さらに混ぜる。
2. **1**に生クリームを半量加えたら［**b**］、ホイッパーでよく混ぜ合わせる。全体が混ざったら残りの生クリームを加えてさらに混ぜ合わせる［**c**］。
3. 全卵を加えて、よく混ぜ合わせる［**d**］。
4. 茶漉しなどで薄力粉をふるい入れ、混ぜ合わせる。

Point
このとき、多少ダマになっても大丈夫です。

5. ざるなどで漉しながら、オーブン用シートを敷いた型に流し入れる［**e**］。
6. 210℃に予熱したオーブンで40分焼く。焼き上がったらオーブンから取り出し、粗熱を取ったら冷蔵庫で冷やす。

Point
表面に濃い色の焦げ目がつくまで焼きます。

a

b

c

d

e

no.25

Rare cheesecake that looks like ice cream

アイスクリームみたいなレアチーズケーキ

アイスクリームの形に仕上げた、最強にかわいいレアチーズケーキです。アイスのようにとけないので、写真撮影もじっくり楽しめます。トッピングにはクッキーをたっぷり使って。

Part 2 ちょっと贅沢な定番の焼き菓子

→作り方はP84へ

Rare cheesecake looks like ice cream

アイスクリームみたいなレアチーズケーキ

0min

★

●作り方

1. ボウルに、生クリーム①とグラニュー糖①を入れる。一回り大きいボウルに氷水を入れて冷やしながら、ハンドミキサーで8分立てまで泡立てる［**a**］。
2. 別のボウルにクリームチーズを入れてホイッパーで練るように混ぜる。なめらかになったら、グラニュー糖②を加え、ゴムベラで練り混ぜる。
3. **2**に水を切ったヨーグルトを加え［**b**］、ゴムベラで混ぜ合わせる。
4. **3**に**1**を⅓ずつ入れて、そのつど全体を混ぜ合わせる。
5. 大きめの耐熱容器に生クリーム②を入れ、電子レンジで沸騰直前まで温めたら、水気を手で絞った板ゼラチンを加え［**c**］、混ぜながら完全に溶かす。
6. **5**の粗熱が取れたら、茶漉しで漉しながら**4**に加え［**d**］、混ぜ合わせる。全体が混ざったら冷蔵庫で3時間以上冷やす。
7. 冷蔵庫でしっかりと冷やし固めたら、砕いたクッキーをちらしながらアイスクリームのディッシャーですくい［**e**］、ワッフルコーンにのせる（ディッシャーがない場合は、皿に盛りつけてもよい）。

●材料［作りやすい分量］

水切りヨーグルト　200g
板ゼラチン　10g
生クリーム①　100g
グラニュー糖①　30g
クリームチーズ　200g
グラニュー糖②　30g
生クリーム②　100g
レモン汁　15g
お好みのクッキー　お好みの量
ワッフルコーン　適量

●準備

- ボウルの上にキッチンペーパーを敷いたざるをのせ、その上にヨーグルトを置いて冷蔵庫に入れ、水を切る。
  目安として、400gのヨーグルトを一晩（8時間）水切りすると200gになる。
- 板ゼラチンは氷水に10分間漬けてふやかしておく。
- クリームチーズは常温に戻しておく。

a

b

c

Memo

トッピングに使用するクッキー

写真では、チョコチップクッキーと、アイスボックスクッキーのココアクッキー部分をトッピングに使用しました。クッキーの種類はどんなものでも構いませんが、添えるものによって色味や風味が変わるので、お気に入りを見つけてください。

クッキーと焼き菓子についてのQ&A

SNS上で募集した質問にすみれがお答えします！
この本では、よくある失敗をしないための方法もレシピの中に記載しているので、そちらも参考にしてみてください。

Q.1

手作りクッキー＆焼き菓子の消費期限は？

A. クッキーは1週間〜1ヵ月、焼き菓子は翌日が目安

市販のクッキーは消費期限が数カ月のものがほとんどですが、手作りクッキーは、1週間以内に食べきってしまうのがいいでしょう。必ず乾燥剤を入れて、密閉容器で保存してください。焼き菓子は、完成させた翌日いっぱいで食べきってしまうのが理想ですが、難しい場合は冷凍しても。解凍したらその日に食べきりましょう。

Q.2

クッキーのおすすめの保存方法は？

A. 密閉容器や食品用保存袋＋乾燥剤が◎！

密閉できる瓶や袋に乾燥剤とともに入れて保存するのがおすすめです。保存場所は常温でかまいませんが、高温多湿と直射日光は避けましょう。お菓子用の乾燥剤は、製菓店で購入することができます。

Q.3

クッキーの焼き上がりがどうしても固くなってしまいます。

A. 小麦粉を入れた後は混ぜすぎないこと

生地をこねすぎた、練りすぎたなど、「触りすぎ」がよくある原因です。生地をまとめたあとは触りすぎず、すぐ成形して休ませてから焼くと、失敗も少なくなるかも。

Q.4

絞り出しクッキーを焼くと、模様が出ずに、形がなくなってしまいます。

A. この本のレシピでチャレンジしてみて！

絞り出しクッキーは、レシピによってバターと粉の量にかなり差があります。例えば、バターが多く粉が少ないと、焼いた時にダレやすくなり線が残りづらいのです。この本のレシピの分量どおりに作っていただけたら大丈夫だと思うので、ぜひチャレンジしてみてください！

Q.5

型を抜くときに、型から うまく外れません。

A. 作業台にぴったり生地を広げて型抜きを

こちらも生地のレシピや状態により異なりますが、この本のように、一度型で抜いた状態で冷蔵庫で休ませて、オーブンに入れる直前に周りの生地を取り除く方法だと、失敗が少ないと思います。また、型を抜くときは、作業台を濡れたふきんで拭いてからラップをぴったり広げ、その上で生地を伸ばして型を抜くと成功率が上がります。

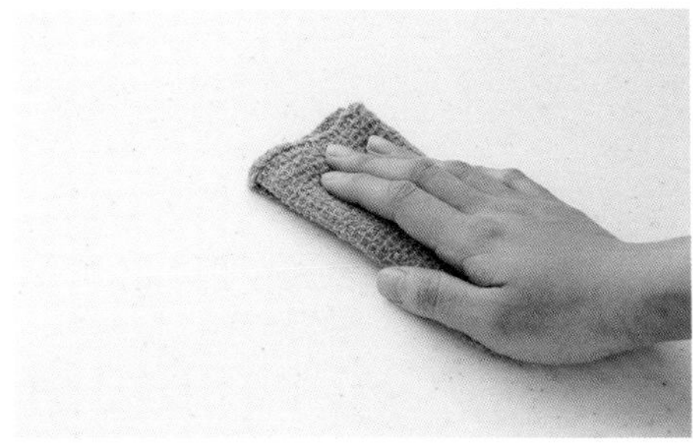

Q.6

アイスボックスクッキーが きれいに成形できません。

A. 生地がダレそうなときは、冷やしながら作業を

生地がやわらかすぎると形がくずれやすいので、ダレそうなときは冷蔵庫で冷やしながら作業するのがおすすめです。特に、カットするときはしっかり生地が冷えた状態で行うのが◎。

Q.7

カラークッキーに 茶色の焼き色をつけずに 焼く方法はありますか？

A. 高温で短時間ではなく、低温で長時間焼く

かわいい色のクッキーの色をきれいに残したいという気持ち、よくわかります。方法としては、低温で長時間焼くのがいいのですが、焼くとどうしても色は飛んでしまうと思います。色にこだわるなら、アイシングで飾るのも手です。

Q.8

クッキーの生地を焼くと、 繋がって一体化してしまいます。

A. ゆるめの生地は生地と生地の間をしっかりあけること

クッキー作りのあるあるですよね。生地には焼成時に膨らむものとそうでないものがあります。この本では、天板に並べる際の生地と生地の間隔も書いてあるので、それを参考にして焼いてみてください！

Column　ラッピングのアイデア集

クッキーを焼いたら、ラッピングをしてお裾分けしてみましょう。アイデアをいくつかご紹介します。

ガラス瓶に詰める

100円ショップなどで売っているガラス瓶にクッキーを詰めてみましょう。ポイントは、クッキーの表面が外側に見えるようにすることと、同じクッキーが一箇所にまとまらないようにすること。そうすることで、かわいくカラフルなクッキーの詰め合わせになります。瓶は、煮沸消毒してから使うと安心です。

袋詰めしてラベルをつける

シンプルなクリアタイプのOPP袋も、ラベルを作って貼ると個性的なラッピングに変身します。この写真のラベルはInstagramのストーリー機能で作った画像を印刷しました。もちろん、PCで作ってもOK！袋の上にマスキングテープで貼ったり、口の部分にホチキスで留めたりバリエーションを楽しんでください。

ワックスペーパーでキャンディ型に包む

ビスコッティやショートブレッド、フロランタンなど細長い形のクッキーは、ワックスペーパーで包んでキャンディのように両端を絞ってラッピングしても。こちらも、ラベルをつけるひと手間でかわいく仕上がります。

この本で使っている主な材料

この本で使用している主な材料です。
スーパーや製菓材料店で購入することができます。

薄力粉

お菓子作りにもっともよく使われる小麦粉の一種です。基本的にはどんな種類のものを使っていただいても大丈夫ですが、特におすすめの種類がある場合は、レシピの中に記載しています。

全粒粉

小麦を丸ごと粉状にしたものが全粒粉です。小麦の表皮と麦芽が含まれているため、薄力粉よりも、より香ばしい仕上がりになります。この本ではメープルクッキーで使用しています。

ベーキングパウダー

お菓子をふくらませるための粉です。ほんの少量で膨らむので、レシピ通りの分量を使うようにしてください。

アーモンドパウダー

アーモンドを粉状にしたものです。加えることでアーモンドの風味とコクが出ます。クッキーはさっくりと、ケーキはしっとりと仕上がります。「アーモンドプードル」も同じものです。

シナモンパウダー

シナモンを細かく砕いて粉状にしたものがシナモンパウダーです。独特の甘い風味が特徴です。クッキー以外にも、アップルパイや紅茶、中華料理の風味付けにも広く使われます。

ココアパウダー

その名の通り、カカオが原料の粉です。製菓材料のココアパウダーは、砂糖が入っていない純ココアを使用します。砂糖や牛乳を加えれば、飲み物のココアを作ることもできます。

ストロベリーパウダー

フリーズドライにしたいちごをパウダー状にしたものです。いちごの酸味や風味が活かされたフルーティーなパウダーです。この本ではスノーボールクッキーにまぶして使用しました。

ほうじ茶パウダー

ほうじ茶の茶葉を製菓用にパウダー状にしたものです。粉類に混ぜ込むだけで、ほうじ茶の香り付けと風味付けをすることができます。

抹茶パウダー

抹茶を製菓用にパウダー状にしたものです。色味がきれいなので、和菓子だけでなく洋菓子にもおすすめ。

紅茶の茶葉

茶葉ごと生地に入れて使用します。ティーバッグの中身を取り出して使ってOK。この本のレシピにはアールグレイがよく合います。

きび砂糖

この本で主に使用している砂糖はこちらです。さとうきびの風味があるため、白砂糖とは異なる、優しいコクのある甘さになります。

グラニュー糖

お菓子作りに非常によく使われる種類の砂糖です。上白糖とは異なり、サラサラとした質感で溶けやすいのが特徴です。

粉糖

グラニュー糖をくだいてサラサラにしたものです。スノーボールクッキーなどのデコレーションやアイシングなどに使います。

メープルシュガー

きび砂糖や上白糖がさとうきびから作られるのに対して、メープルシロップから水分を取り除くと、メープルシュガーになります。

アーモンド

ポリポリとした食感の定番のナッツ。製菓用には生か素焼きのものを用います。生のものを使う場合はオーブンでローストしてから使用します。

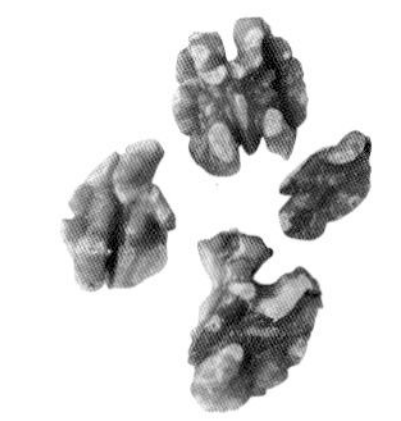

くるみ

軽い食感と香ばしさのあるナッツです。製菓用には生か素焼きのものを用います。生のものを使う場合はオーブンでローストしてから使用します。

ピーカンナッツ

軽くてクセのない食感のナッツです。製菓用には生か素焼きのものを用います。生のものを使う場合はオーブンでローストしてから使用します。

ピスタチオダイス

ピスタチオを細かく砕いたものです。生のものはローストしてから使用しますが、加熱しすぎると色が飛んでしまうので注意してください。

生クリーム

この本では、動物性で脂肪分36%のものを使用しています。お菓子作りに使われるのは35～47%の生クリームが多く、脂肪分が少ないと軽い口当たり、多いとコクのある濃厚な口当たりになります。

卵

この本では、必要な分量をgで表記しています。レシピ通りの量を使用するようにしましょう。目安としてL玉なら全卵60g、卵黄20g、卵白40g、M玉なら全卵50g、卵黄20g、卵白30gです。

チョコレート

そのまま食べることを想定して作られている板チョコではなく、製菓用のものを使うのがおすすめです。この本のレシピでは、カカオ58%のものを使用しています。

バター

この本では食塩不使用のバターを使用しています。お菓子作りでは常温に戻して使うことが多いですが、テディベアのオートミールクッキーのように、あえて液体になるまで溶かして使うこともあります。

スキムミルク

牛乳から脂肪分を取り乾燥させたものがスキムミルクです。水に溶けやすく、長期保存が可能。お菓子にミルクの風味を与えてくれます。

乾燥卵白

アイシングやメレンゲの泡立てに使います。生の卵白よりも衛生的で長持ち。黄身を余らせることがなく、少量ほしいときにも便利です。

バニラビーンズ

お菓子に豊かなバニラの甘い風味を与えてくれます。この本では、さやを包丁で割って、中の種をこそげ取って使用しています。

オレンジリキュール

ブランデーやスピリッツにオレンジの風味を加えたもので、キュラソーとも呼ばれています。この本では、グラン マルニエを使用しています。

ドレンチェリー

種を抜いたさくらんぼを砂糖漬けにしたものです。火を入れても鮮やかな赤い色が残るので、お菓子に華やぎを与えてくれます。

オレンジピール

オレンジの皮を砂糖漬けにしたもの。ほろ苦い味わいとさわやかな香りが特徴です。この本では5㎜カットのものを使用しています。

グルマンディーズ（フレーズ）

スノーボールクッキー（ストロベリー）で使用している、いちごの濃縮シロップです。色味と風味を格上げしてくれます。

この本で使っている主な道具

この本のお菓子を作るのに使った主な道具を紹介します。
製菓材料店のほか、製菓店サイト、100円ショップで手に入るものもあります。
※すべて著者及びスタッフの私物です。

ボウル

生地を混ぜ合わせるときに欠かせない道具です。ガラス製でもステンレス製でもOKですが、耐熱のものがおすすめ。大小揃えておくと便利です。

漉し器・茶漉し

粉類をふるい入れるのに使います。目の細かいものと粗いもの2種類あると便利です。少量の粉をふるい入れるときは、茶漉しも使えます。

スケール

材料を軽量するのに必ず必要です。スケールに容器を置いてから目盛りを0に戻すことができる機能のものを使いましょう。

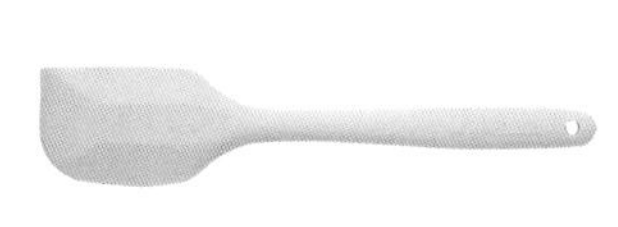

ゴムベラ

生地を混ぜ合わせたりボウルについた生地を集めたりするのに使う道具。持ち手とヘラの部分が一体のものが衛生面も使い勝手も◎。

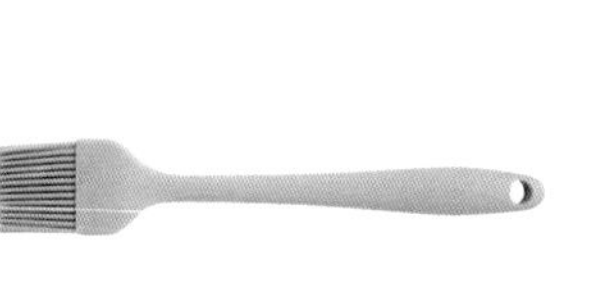

刷毛

生地にシロップを打つときや、卵液を塗るときなどに使います。熱に強いシリコン製のものがおすすめです。

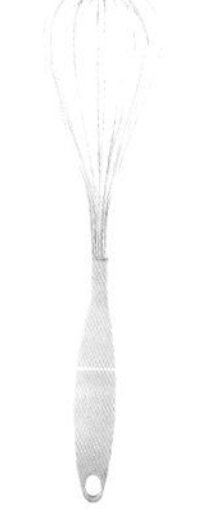

ホイッパー

材料を混ぜ合わせたり泡立てたりするときに使います。丈夫なステンレス製のものがおすすめです。

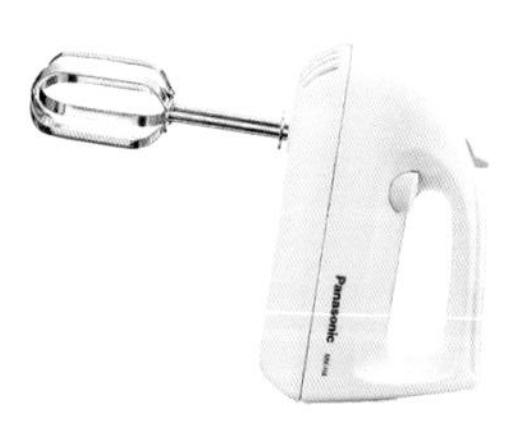

ハンドミキサー

生クリームの泡立てやメレンゲを作るときに使います。手動では時間がかかる作業を、短縮することができます。

パレットナイフ

ケーキのデコレーションをするときにあると便利です。この本ではレモンタルトやウィークエンドシトロンに使っています。

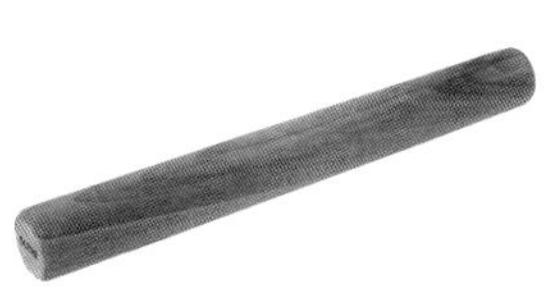

めん棒

クッキー生地を伸ばすのに使うほか、材料を砕くときにも使えます。太めのものの方が全体を均一に伸ばすことができます。

ドレッジ

生地を集めたりカットしたりするのにあると便利です。この本ではハードタイプを使用しています。

ルーラー

クッキー生地を均一な厚さに伸ばすことができます。2本の間に生地を広げ、めん棒の端がルーラーの上にのるようにして使います。

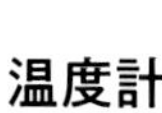

温度計

湯煎の温度やイタリアンメレンゲに使うシロップの温度を測るのに使います。針をさして温度を測るタイプのほか、センサータイプも。

フォーク

クッキーに模様をつけるときに使います。この本では、先が4本に分かれているフォークを、写真のように手で折りたたんで形を変えたものを使っています。

※フォークを変型される際はご自身の責任で注意して行ってください

シルパン

オーブンで繰り返し使えるシリコン製のマット。メッシュ状なので余分な油分や水分が落ち、クッキーがサクッと焼き上がります。オーブン用シートで代用しても。

絞り袋と口金

この本では、洗って繰り返し使える絞り袋を使用しています。口金をセットして使います。口金の選び方はP27を参照してください。

定規

生地を成形したり切り分けたりするときには、定規を使うと均等な大きさのクッキーに仕上げることができます。

クッキー型

型抜きクッキーを作るときに使います。お好みのものを用意すればOK。模様をつけるためのスタンプタイプもあります。

マフィン型

マフィンを焼成するための型です。この本では、6個取りの型にグラシンケース(敷き紙)をはめて使っています。

金型

ケーキ屋やタルト、パウンドケーキなどを焼くときの型です。ケーキ型は主に5号と6号を使用しています。

ディッシャー

アイスクリームをすくって成形する道具です。この本ではアイスクリームみたいなレアチーズケーキに使用しています。

Conclusion

オンラインショップを立ち上げて以来、なぜ独立することにしたのか、とたびたび質問をいただくことがあります。とにかく飽き性で何事も続かなかった私が、ショップを開くことになった経緯をこの場を借りてお話しさせてください。

幼少期から料理やお菓子作りが大好きでした。中学校に上がる頃、両親が離婚してから、仕事で忙しい母のためにオムライスを作ったり、2人の妹の誕生日にケーキを作ったりと、必要にかられるだけでなく、家族が喜んでくれるのが嬉しい。そこが私の料理の出発点でした。

昔からフランス料理のシェフに憧れていたので、高校卒業後は西洋料理の専門学校に進学。ところが2ヵ月ほど経った頃、パティシエになりたい気持ちが大きくなり、卒業後は個人のパティスリーに就職したのですがそこもたったの半年で辞めてしまい……その後ホテルのペストリーに再就職しました。しかし、そこでの過酷な労働環境で体調を崩し、こちらも約半年で退職することに。このときにお菓子作りが大嫌いになり、二度とパティシエはやらないと決めました。

退職後は、コーヒーショップと飲食店のかけもちをしていたのですが、家賃や光熱費を払うのに必死で、一生この生活を続けるのかなという不安でいっぱいで。当時21歳だったのですが、同い年でお店を開いている子や、フランスで修行している子がいるのを知り、自分の現状と比べてすごく劣等感を感じていました。そんなある日、出勤中に立ちくらみで転倒し靭帯が切れてしまい、手術をすることになってしまいました。そのタイミングでアルバイトと一人暮らしを辞め、実家に戻ることに。これが今思うとターニングポイントでした。

術後数ヶ月経ち、少し動けるようになった頃になんとなくお菓子を作ってみたらすごく楽しくて。それを見た母は、自分が経営する小さな喫茶店でケーキ出すよう誘ってくれて、そこから「やっぱりお菓子の仕事がしたい！」と思い、23 歳でオンラインショップを立ち上げました。

はじめは購入してくれた方の半分以上が友人や知り合いという状況でしたが、周りの方が広めてくれたり、SNS の投稿を工夫することでより多くの方に知っていただけるようになりました。

今ではお客さまから嬉しいメッセージをいただけたり、催事を開けばたくさんの方が会いにきてくださったり、飲食店やお菓子屋さんで私のことを知っている人に出会ったり。頑張ってきてよかったなと嬉しくなることが本当に多くて、数年前の私が聞いたらびっくりするだろうなと思います。

よく DM で、「仕事が辛くて辞めたい」というメッセージをいただきます。その気持ちがよくわかるので、私の活動がみなさんの変われるきっかけに少しでもなれたらいいなと思っています。

最後に、母子家庭で娘 3 人を育ててくれてやりたいことを全部やらせてくれた母と、今でも変わらずお菓子を作ると喜んでくれる妹たち、いつも本当にありがとう。その他にもお礼を伝えたい方がたくさんいますが、みなさまいつも本当にありがとうございます。

生きていると辛い事や悲しい事がたくさんありますが、人生一度きりなのでやりたいことやって楽しんでいきましょう！

私もまだまだ突き進んでいくので温かく見守っていただけると嬉しいです。

長くなりましたが、最後までお付き合いいただきありがとうございました。

2023 年 1 月　すみれ

すみれ

料理の専門学校を卒業後、製菓の道を志す。実家の喫茶店でホールケーキを提供するのと並行して、クッキー缶のオンライン販売を開始。製造過程をSNSでも公開。特に「1人でクッキー作って生計立ててる24歳です!!!」の文言と、大量のクッキーを焼く様子がTwitterで15万いいねを得るなど話題となる。現在はオンラインショップ「VIOLETTA（ヴィオレッタ）」でクッキー缶を販売。かわいらしい見た目とザクッとしたこだわり食感で、発売と同時に即完売するほどの人気となっている。
Twitter:@smr0301_

こだわり食感（しょっかん）がおいしい
何度（なんど）でも作（つく）りたい
クッキーと焼（や）き菓子（がし）

2023年2月16日　初版発行

著者　すみれ
発行者　山下直久
発行　株式会社KADOKAWA
〒102-8177　東京都千代田区富士見2-13-3
電話 0570-002-301（ナビダイヤル）
印刷所　大日本印刷株式会社

［お問い合わせ］
https://www.kadokawa.co.jp/（「お問い合わせ」へお進みください）
※内容によっては、お答えできない場合があります。
※サポートは日本国内のみとさせていただきます。
※Japanese text only

定価はカバーに表示してあります。

ISBN 978-4-04-606132-4　C0077